哲学之故乡

陈筑山 著

首都经济贸易大学出版社
Capital University of Economics and Business Press
·北 京·

图书在版编目(CIP)数据

哲学之故乡/陈筑山著. —北京:首都经济贸易大学出版社,2017.7

ISBN 978-7-5638-2012-2

Ⅰ.①哲… Ⅱ.①陈… Ⅲ.①古希腊罗马哲学—哲学史 Ⅳ.①B502

中国版本图书馆 CIP 数据核字(2012)第 173534 号

哲学之故乡
陈筑山 著
ZHEXUE ZHI GUXIANG

责任编辑 彭伽佳
封面设计 风得信·阿东 FondesyDesign
出版发行 首都经济贸易大学出版社
地　　址 北京市朝阳区红庙(邮编 100026)
电　　话 (010)65976483 65065761 65071505(传真)
网　　址 http://www.sjmcb.com
E-mail publish@cueb.edu.cn
经　　销 全国新华书店
照　　排 北京砚祥志远激光照排技术有限公司
印　　刷 人民日报印刷厂
开　　本 710 毫米×1000 毫米 1/16
字　　数 246 千字
印　　张 14
版　　次 2017 年 7 月第 1 版 2017 年 7 月第 1 次印刷
书　　号 ISBN 978-7-5638-2012-2/B·47
定　　价 43.00 元

序

一、本书编纂的发端，只作我个人读书的游戏录，后来有几位青年朋友见着我的起稿，他们都觉得有趣，因此我就便加上了一个目的——供初学哲学的人赏玩。

二、本书专述古代纯粹的希腊哲学思想，因为它是西洋哲学思想最初最大的泉源，我们要浮西洋哲学的大海，须得要从此放船；而且他们那时节的哲学思想，大半含着科学上的问题，初学的人们，最容易了解。

三、本书编纂时最注重之点有五：

(1)哲学者的生世、性行及其背景；

(2)哲学者的思想的来源及开发；

(3)各学者的思想相互的影响；

(4)各学派的思想中难解的问题；

(5)分析与总合的研究。

四、本书本以上所说的五点编述，对于阅者期望有下之四种裨益：

(1)引起哲学上的趣味；

(2)了解前人思想的来源与环境的关系；

(3)开发初学者的思想；

(4)预备研究哲学的初基。

五、本书以学校服务之暇，偷闲纂述，难免不少谬误，倘蒙识者不吝指教，极为盼祷。

六、本书将所用专名，一一列在后面，与英名对照，以便阅者。

筑山醉翁

一九二四年，六月，于吴淞中国公学

目　录

第一次旅行古代希腊

第二次旅行古代希腊

第三次旅行古代希腊

第一次旅行古代希腊

Diyici Luxing Gudaixila

出发日
研究旅行指南

青年朋友们！我们已经打定了主意，第一次旅行古代希腊，专看他们宇宙哲学的古董。今天是出发之日，我们须得将旅行指南加一番研究：研究他们地理的大概，研究他们历史的大略，研究他们的种族同着他们的性质，研究他们的社会情形，最紧要的是研究他们宇宙哲学者的派别。不然，情形隔膜，人地生疏，恐怕入了哲学的故乡，东张西望，不免是乡巴佬进了城，摸不着头脑！且研究他们的：

地理的大概 产生哲学的希腊，包括地中海冲刷的一切海岸与岛屿，比现在的希腊大得多；但是她的本部的幅员本来偏小，纵不过千里，横不过五百里。地势三面临海，区分南、北、中三大部：北部地多山谷，峰峦环绕，风景绝佳，当时希腊人所谓天下最高山——欧林普山（Olympus）——就在此部；中部分十一区，其中很著名的有八，但是与哲学思想有极大关系的，要算阿提卡（Attica）。阿提卡两面临海，而且地上多山，不适耕作，雅典人根据这个地方来营航海生活，遂开了希腊文明的中心；南部亦分十一区，其中有阿尔戈利斯区（Argolis），最早与埃及交通，为文明的开处;其南有拉科尼亚区(Loconia),为雅典的劲敌,斯巴达人居住之所。以上是希腊本部地理的大概。

横绕本部之东西有大小无数的岛屿:就中最著名的如西方之克基拉(Coregra)岛,南方海上之克里特(Crete)岛,东方海上之利姆诺斯(Lemnus)岛等,皆于希腊史上有重要的关系。因此等之岛富有葡萄、橄榄、铜矿等之产物,便于通商,开化极早。这是希腊岛屿的大概。

此外还有殖民地与希腊初期的文明极有关系:如米利都(Miletus)为小亚细亚沿岸希腊殖民地之一市府,第一时期的宇宙哲学即从此地发源。希腊本部所需要的谷物,大半从许多殖民地供给,绝美的西西里岛,大部分亦在希腊人的手中。

概观希腊地理,有三种特色:一是境内连山,耕地太少,加以人口日增,不得不往外去谋生活。二是三面临海,天然风景的美丽自不必说,商港、岛屿遍地皆是,所以商业特别发达,文化进步得很早。三是壤地偏小,山岭纵横,天然隔划为历历小部分,不易联络成一块儿。我们再进而研究其

历史的大略　宇宙哲学时代以前的希腊史,不外是些神话同着些英雄传说。在纪元前几千年的太古,有雅利安(Aryan)民族,住在中央亚细亚的某地方;后来有的东迁,做了印度及波斯人的始祖;有的西迁,到了希腊、罗马,开了西洋文明的泉源。他们的天性,具有种种的优点,其中最显著的,要算想象力。他们眼见的森罗万象,一律看作有生物。看着那白云飘动,以为是神人牧牛;看着那电光闪放,以为是巨鱼翻波;对着那茫茫大空,也信为有天父高居,主宰百神。后来东西迁徙,他们的性质遂因气候环境的不同,大有变动。到东方——印度、波斯——的种族,带有

阴森幽怪的想象；到希腊的，富有阳气鲜明的色彩。他们所谓的鬼神，颇与人间相近，他们相信在中央亚细亚的始祖，是天上的牧者，是一种飞行迅速的使神，戴着有翼的帽，穿着有翼的鞋，携着两条金蛇缠绕着的黄金杖。以上是神话的一例。

讲到他们的英雄传说，也很多丰富、复杂、惊人之谈。其中最为脍炙人口，而且为后世诗歌艺术之题材的，要算赫拉克勒斯（Herakles）的传说：赫拉克勒斯，天生的勇武，一生所建的功劳不可胜算！先说他的一桩故事，已足令人咋舌。刚才生下来八个月，他见着两头蛇来绕他的摇篮，他不但不像平常的小孩惊叫，并且将那条蛇捉来弄死了。等到他年已十八，身长八尺，力益强悍无比，荒野外的什么金角铜蹄的鹿，悬崖上的什么铁爪铁嘴的鸟，他都能够手到擒来。他曾经杀了一群三千的猛牛，他曾经烧了一身九头的巨蟒，他曾经徒手剥掉活狮子的皮。这样的勇武，比较景阳冈上的武二郎不知还要厉害多少倍。他几次出外远征，小亚细亚剽悍著名的女王，斯勒司率兽食民的暴主，都被他活活地擒来杀了。他又在今之西班牙之南，与亚非利加之北[①]，建了两座高山，一个海峡，用作远征的纪念。这些都不算奇，还有一件骇人听闻的奇传，说他到北亚非利加，遇着一个扛天神叫作阿特拉斯（Atlas），扛天神的儿子有无数的黄金苹果，赫拉克勒斯非常羡慕，他就命令扛天神替他索取，自己却代扛天神将九天搁在肩上，轻轻儿扛着。人人见他勇武非常，而且退治了许多天灾人患，没有别的美名称他很相当，只称他叫作太阳神。以上是英雄传说的一例。

---

① 即今北非。——编者注。

我们研究希腊史，见着他们对于神的想象，有四个特点：①仔细，②鲜明，③快活，④优美；见着他们对于英雄的想象，也有三个特点：①征服自然的能力，②扑杀强暴的勇气，③担天负地的本领。他们脑里的想象，既有如是鲜明、优美、快活、勇敢的神人；他们眼前的对境，又有那样风光明媚的江山；所以他们的思想是进取的，不是退守的，是积极的、入世的，不是消极的、出世的。我们试唱他们宴祭时的跳舞歌，一面可以见得古代希腊人的精神，一面可以热闹我们的旅行。

老年人先歌着：

当我们幼小的时代，勇武而且康强！

We once were young and brave and strong!

少年人继续歌着：

正当我们现在的时代，前进去尝尝！

And we're so new, come on and try!

童子接续歌着：

不到转眼的时代，我们童子越发康强！

But we'll be strongest by -and -by!

我们唱完了，再进研究他们的：

种族及其性质 希腊人共分四种,其中最著名的有二:

(1)伊奥尼亚种(Ionians),以雅典人为代表。

(2)多利安种(Donians),以斯巴达人为代表。

雅典人性文雅,好学术,以通商、航海为业。斯巴达人性粗暴,尚武勇,以耕种、畜牧为业。希腊的历史,皆由这两种人所演成的。他们同处山明水秀的巴尔干半岛,何以性质不同呢?因为斯巴达处在崇山峻岭之中,四围多敌,为防御外患维持自存的缘故,不得不尚武勇;雅典地方不宜耕作,也少外患,所以人民四出经商,到处殖民,因此胸怀开展,经济富足,没有物质缺乏及阻碍的忧愁,所以能特向学艺方面发展。

我们研究希腊的地理、历史、种族及其性质,可见西洋文明的发源虽在希腊,而希腊文明的中心却在雅典了。我们现在研究他们的:

社会的情形 他们当时社会的情形,有三种极可注目的:

(1)内政的纷争 希腊自古诸族相争,霸者为王;各邦政体,大概是僭主政治与寡头政治。到了纪元前750年左右,政治上开始发生了变动,因为各地经商富足的市民阶级深感政治上的压迫,不得不起来谋迁徙与革命。至纪元前620年左右,即宇宙哲学开始时代,僭主政治与寡头政治先后倒霉,起来替代的就是共和政治。从此以后,党派铄轧,社会一般的事情,只见不断的活动。当时各地的市府,大家努力平民政治的建设,那些有才干的政治家,大家延揽奇才,奖励诗人,扶助学者,来谋市府的光荣。社会人心,因此活跃;人民知识,也大进步。还有一些贵族,因为感着政治上的压迫,引退而去,专心研究学术的也不知多少。

(2)外患的逼迫 当时的希腊,不但内部的政争剧烈,而且外部有强敌侵寇,颇有濒于危亡的光景。因为东有波斯,常来侵略,甚至射天立誓,要灭雅典;西有迦太基(Carthage),向希腊之西西里屡行示威运动。到了本时代(宇宙哲学时代)的末期,竟至与波斯合力,来夺地中海。

(3)*新宗教的危机* 当时社会的纷扰,人心的摇动,很是厉害。从来的习惯,已经失了权威;传来的多神教,自然要发生怀疑。生在这种状态里面的人们不得不劳心焦思,来打定自己的行为。于是新宗教乘时而起,有种种盟社的结合及教会的组织,以守仪式、奉法律为中心,渐渐趋于迷信。就中以毕达哥拉斯(Pythagoras)盟社比较地好,所以后来于哲学史上发生了许多关系。

据以上宇宙哲学时代的希腊的社会情形看来,一方以政治上新建设的要求,或是反面的驱使;一方以宗教上神秘主义的反应。可见新哲学的把戏要应运而生的了。又看前面说过的历史地理的关系及希腊种族之本来性质,可见他们的新哲学思想,必定要超脱以前的神话,必定不是冥思幻想,必定富于科学的精神。但是哲学新戏的主要戏目何以专是宇宙哲学呢?因为当时是贵族政治衰落、民主政治开始之秋,所谓过渡时代政治上的翻云覆雨,社会上的变化莫测,人心惑于现状的不安,不得不起来为永久真实的追求,不认一时的现象为真理。所以他们要寻求"宇宙的根本存在",即是追究"构成宇宙的本质到底是什么"。他们想求得一个真实的宇宙观,然后才有真实的社会观与真实的人生观,当时希腊新宗教的危机,所以不至陷害人心入于迷信之途的缘故,也就是宇宙哲学者的功劳。现在我们研究:

宇宙哲学者的派别 演宇宙哲学新戏的希腊人们,他们有的拿着一件东西,或是水,或是火,或是空气,演得天花乱坠,这些都叫"一元的宇宙论"。有的拿着多件东西,或是地、水、火、风,或是1、2、3、4的数,或是

无数的种子,演得满地梨花,这些都叫“多元的宇宙论”。他们的派别及超等名角,表列于后:

(一)一元论的超等名角

(Ⅰ)米利都学派(The Milesian School)
- (a)泰勒斯(Thales)
- (b)阿那克西曼德(Anaximender)
- (c)阿那克西美尼(Anaximenis)

(Ⅱ)色诺芬尼(Xenophanes)

(Ⅲ)赫拉克利特(Heracleitus)(以上伊奥尼亚派)

(Ⅳ)埃利亚学派(The Eleatic School)
- (a)巴门尼德(Parmenides)
- (b)芝诺(Zeno)

(二)多元论的超等名角

(Ⅰ)恩培多克勒(Empedocles)

(Ⅱ)阿那克萨哥拉(Anaxagoras)

(Ⅲ)毕达哥拉斯学派(Pythagoreaism)

(Ⅳ)原子论者(Atomist)
- (a)留基伯(Lencippes)
- (b)德谟克利特(Democritus)(德氏是组织时代——第三期——的学者,列此以明其学派的系统,其说见第三次旅行中)

以上两大派别之外尚有祖述派的名角,如下:

(Ⅰ)麦里梭(Melissus)

(Ⅱ)第欧根尼(Diogenes)

青年朋友们!旅行指南我们已经研究过了,就此马上加鞭,快进宇宙哲学时代的希腊去吧!

第一目

听米利都学派的哲学戏(一元论的开始)

我们今天第一次到哲学之故乡来了,打算怎样的游览呢?我们当初预定此次旅行的目的,在观他们宇宙哲学的古董,不如径到博物馆里去吧!且慢!这一类的古董与别者不同,恐怕要到图书馆里才寻得着哩!不妥!他们的图书馆里陈列着的哲学古董,恐怕只是一些希腊文,我们不曾学过,怎样能够懂得呢?听说米利都(Miletus)地方,是这故乡里的一个最富饶的市府,又是最著名的伊奥尼亚人的一个殖民地,而且一元论的超等名角当中,有泰勒斯、阿那克西曼德、阿那克西美尼三人,都是伊奥尼亚种,都生长在此地,所以他们三人代表的学派,叫作米利都学派,也叫作伊奥尼亚学派。而今这三位老名角虽然已经死了多年,这米利都市府的神经大舞台还有人在那里装着他们三位出台演唱哩!并且听得今天正要演米利都学派的宇宙哲学戏:第一幕是泰勒斯,第二幕是阿那克西曼德,第三幕是阿那克西美尼,我们快快地请人介绍去听吧!

第一幕　泰勒斯

表白一　老夫泰勒斯（Thales），纪元前620年前后的人，自家的生死年月也忘记了。到现在计算起来，老夫已经有了二千五百几十岁，年纪也算不小了。今天有人介绍中国的青年朋友们来到我的生地米利都，羡慕老夫的虚名——希腊哲学的鼻祖，而且是希腊七贤中的第一人——要听老夫演唱宇宙哲学的新戏，老夫早已准备出台，就便欢迎中国青年诸君。

表白二　老夫是米利都的富商大族，曾经游历各地，经营商业。所到过到的地方固然不少，可是最感触有趣味的，要算埃及与巴比伦之游。因为埃及的数学与巴比伦的天文学于老夫的知识上补益很多。老夫游历埃及的时候，埃及王知道我喜欢研究数学，有一次向我发了一个问题："久仰先生的数学高深，不知在地面上可以求得金字塔的高否？"老夫当时手里正拿着一根手杖，就便告诉他说："这有何难！只将这根手杖立在太阳照着的地面上，去测我杖影与杖身的比例，那金字塔的高，立刻可以求得。"埃及王听了，十分地高兴，称赞得了不得。其实这有何难，只是他们研究学问太呆板，计算一个金字塔的高，以为除开实际去测那塔的自身，便想不出旁的法子。做学问照着这样地笨，恐怕进步很难；就有点儿进步，也怕是限于死板板的物质罢了！老夫求学问的方法，虽然不能离开具体的事物，但是绝不为它所限制，还要应用我们人类的理性中具有的抽象力。举个例来说，埃及人讲三角，必定要附属在地上或是木板上讲，只会说这是三角地、这是三角板，不会离开地与板，光说一个三角形。老夫对于三角地、三角板等类，本着我的理性去推想，得着抽象的三角形的概念——就是离开地与板等,光说一个三角形——发现了一些关于三角形的抽象的原理,可以应用到一切三角形的实物上去。譬如说这里有个三角形,因为它的两边相等,所以它的两底角亦等,这是老夫发现的原理之一,可以应用到具体的实物上去。

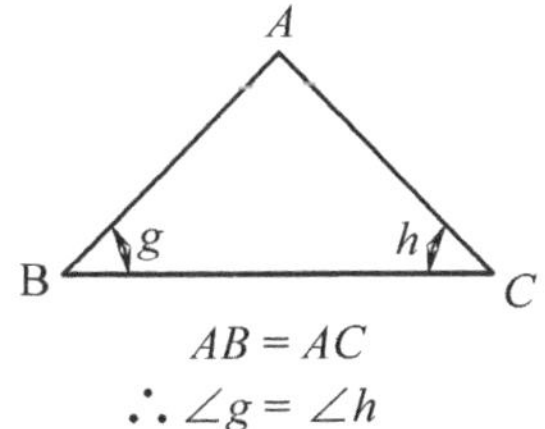

又如说这里有一个“半圆形”,从它的径之两端引二直线,随便交在半圆周的任何点,必成一个直角,这也是老夫发现的原理之一。因为你们要听老夫演唱哲学,特地将老夫做学问的方法,略略地表白一番。

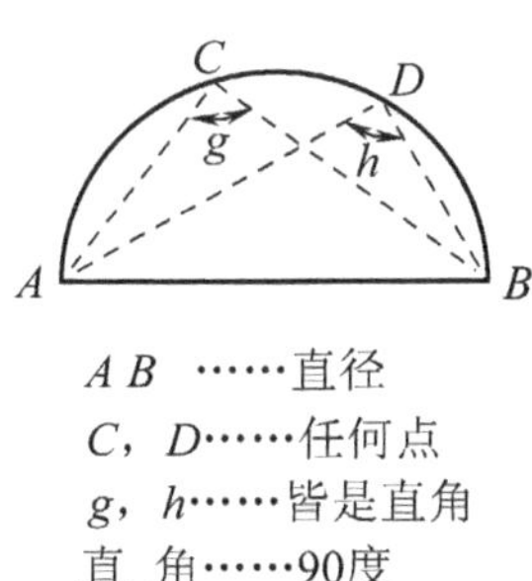

表白三　老夫在演唱哲学以前,还有要向你们表白的事情,就是老夫生在当时,正当我们希腊贵族政治倒霉、民主政治新兴的时代,目睹那些豪强扰攘、政党纷争的情状,自己心里烦恼异常,虽曾参与政治,聊尽市民的责任,但无补于事实。又见当时的俄尔甫斯教(Orphic Religion)

一派承着野人的遗习，抱着灵魂的迷信，自由思想大有受他们束缚的危机。老夫生当其时，安得不想追求一个真正的宇宙原理，拿来自己受用，而且指导青年。但是老夫的思想于今有了二千五百多年，在现在看起来，恐怕不免有愧哲学鼻祖的虚名。因为今天在座有中国的青年朋友们，不管老夫的宇宙哲学思想幼稚不幼稚，姑且在后道来！

哲学其一 老夫俯仰天地，惊讶森罗万象皆一样儿不住地变迁流转。想到这变迁流转的东西究竟从何而来？其中必有不变不转的根原存在。要是没有这种根原，哪里来的万象？这种根原，就是万象的原质——宇宙的本体。老夫因此立了一个“本体”的概念来做宇宙哲学的根本，并且下了一个假设：“宇宙的根原必定是不变的本体。”

其二 继而老夫想到：这不变的本体，究竟只是一个呢，还是多个呢？煞费了老夫的思索，最后想到宇宙间的一切现象，因是变迁流转，所以有种种色色；本体既是不变的，当然只是一个。所以老夫在已经推定的宇宙哲学的根本概念——本体——加上了一个数的制限，叫作唯一的本体。因此，老夫又得了第二个假设：“宇宙的本体唯一。”

其三 老夫又想：宇宙本体既是唯一的，那万象又怎样能够发生出来呢？这个问题就是说万象的生命从何而来呢？——老夫解答这个问题，想了又想，想到这唯一的本体中必有根本的活力，万物都充满了它的。因为充满了它的缘故，所以是活的，所以不死，所以能运动，这运动就是万物的生命，森罗万象就从此发生出来。因此老夫的宇宙哲学的根本上，又得了第三、第四、第五个假设：“本体中有根本的活力”，“根本的活力充满万物”，“万物运动即是生命”。

其四 老夫最终想到：这唯一的不变的本体，而且有根本的活力充满了万物,究竟是一种什么东西才够得上呢?老夫观着那地中海的水,滔滔不息;看着那尼罗河的水,年年泛滥;看着它升而为气为云,看着它降而为雪为雨;哪一样东西不是以有水而生,以无水而死?万物的生命既是从水的活力而来,所以老夫的哲学上又得了第六个假设:“水是万物的原质——水是宇宙的本体。”

终演　总结起来,老夫要宇宙哲学的把戏,抱定六个假设为根本:

(1)宇宙有不变的本体;

(2)宇宙之本体唯一(一元论);

(3)本体具根本的活力;

(4)根本的活力充满万物;

(5)万物运动即是生命(物活说,又名生气说);

(6)水即是宇宙之本体。

这六个假设拿去推论万物都很对,所以老夫泰勒斯的宇宙观就因此定了,老夫的哲学把戏也因此要起来了。你们要知道详细,须得到图书馆去看老夫的后辈亚里士多德的评注上或者可以找着一些古董。老夫自己没有什么著作可以给你们看的,今天就此告辞了!再会!再会!

听后的回顾　青年朋友们!我们刚才听了泰勒斯的哲学戏,他所演的道理究竟真合假,我们初到这哲学之故乡,姑且不要妄下批评;留到后来多听了其他的哲学戏,我们自然会看得出来。或许朋友们喜欢批评,要发生以下的疑问:

(1)何以不变的本体有活力呢?有活力岂不是能变吗?

(2)本体只是一个,何以从一个不变的本体会发生万物呢?

(3)水何以是宇宙的本体呢?

这些问题,你们喜欢想想,我都不管;我只说我听了这一幕戏,我知道两件事情:

(1)“一元论”与“物活说”的创始,是泰勒斯。

(2)泰勒斯以水为宇宙本体,水是我们的感官可得经验着的,可是他的见解是自然科学家的见解。

我们只说到这儿吧!第二幕快开幕了!

第二幕　阿那克西曼德

表白一　老夫阿那克西曼德(Anaximander)与泰勒斯同时,而且同乡,他年纪比我虽然只长二十多岁,却是他老得太昏聩,连自己的生死年月都闹不清楚;老夫自家还记得是纪元前611年生的,纪元前545年死的,而今春秋两千五百三十四岁了!回想当日同他目睹我们希腊初期共和政治的情形,令人不胜慨叹!老夫也算尽了米利都市民的责任,在政治上费了一些精神。可是老夫一生值得纪念的,要算创始做了一座天文球、一个日晷、一张地图。最可惜的,是老夫著的关于《万物生起之原理》[①]那部书,不知散失到哪里去,而今传的只有一句了!

表白二　在米利都派的哲学戏,自然要推泰勒斯为超等第一名角,老夫虽则名列第二,但有人说我是他的学生,未免捕风捉影,哪有此事!老夫与他不过是砥砺学问的朋友,固然得他益处不少,却是像他那样要水把戏,说水是万物的原质,是宇宙的本体,老夫不敢赞同。要知老夫的

① 即《论自然》。——编者注。

哲学戏的要法,且听下面分解!

哲学其一　老夫喜究天文,好学地理,发现空间大得无限,时间长得无限,充塞此无限空与无限时而为万物之本原的东西也是无限。先有了无限的本原,而后发生无限的万物。这个本原到底是什么呢?不是别的,就是无限(the unlimited)。除开无限而外,不能在万物的当中任指一物叫作本原。因为万物中的任何一物都有定形,有定限,没有一样能够说明其他无限的万物的。泰勒斯要的水把戏,说水是万物的本原,固然有趣;但是水这样东西是有定形有定限的,怎样能够生出无限的万物来呢?假如说水是无限的,那么,宇宙间都充满了水,岂不是洪水滔天,又如何能容得万物呢?所以老夫的宇宙哲学只由无限出发立了第一个假设:“无限是万物的本原”,即“无限是宇宙的本体”。

其二　老夫既立了第一个假设,说无限是万物的本原,继而想到这眼前数不尽的万物,怎样能够从无限产生出来呢?加了几番的推想,后来想到这无限自体当中,有反对性、有活动力的无限,因它的活动力分离出来,于是乎成就了万有不齐的物。老夫的这个思想曾经在老夫的著作里有详细的说明,可惜后来纷失了,幸好到老夫死了二百六七十年以后,有亚里士多德出世,将老夫的意思加上了一些解释说:“从无限分离出来的反对的东西,不外是寒暖干湿之气,暖而干的,与寒而湿的,彼此为反对的活动,因此就生出了天地万物。”经这样一解释,将老夫的真意补足得不少。简单地说,老夫的第二个假设,是“无限之所以生出万物的缘故,因为有反对性与活动力”。

其三　老夫看着万物变化,流转不息,无怪泰勒斯以那流转不息的水看作万物的本原了!其实万物是从无限而来,还从无限而归,归而复来，来而复往，无始无终，循环不歇，“出没成坏”，都不过是这个道理。老夫的著作而今尚在流传着的那一句：“凡物当从一定的地方，归还原来的地方，所以在一定的时间，都应当对于不正的动作，受罚与赔偿。”这句话的意思是说：凡一切物，因为要维持他自己的生存，所以要保存他自己的位置同性质，就不免发生压倒他物、保持自己的倾向，到了过分失中的时节，便要受罚与赔偿，归还到无限。这无限是中性之所在，即神之所在。所以老夫下了第三个假设：“万物的变化是循环出没于无限。”

其四　老夫对于天地的构造也有一点见解。老夫以为那无限的大原湿而且寒的外面，有火包围着的；那火忽然分裂的时节，诸天体便从此摆将出来。被火照着的地方，因蒸发的作用，水陆于是乎又分别出来了！地体是一个圆柱形，居宇宙之中心，诸天体回转着它的周围，人类居住在它的平面，人类当初栖息水中，身上的皮肤全是鱼鳞，后来出到陆上繁殖子孙，渐渐变为现在的人类了。

终演　老夫的宇宙哲学戏全靠三个假设为基本。

(1)无限是万物的本原；

(2)无限所以能生万物，因为有反对性与活动力；

(3)万物的变化是循环往来于“无限”。

老夫的把戏没有泰勒斯的好看，而且不像它的好耍。因为他要水，大家的眼睛看得着；老夫要无限，大家的感官不能觉，所以不容易了解。但是宇宙的本原，唯有从外界的事物上研究进步到脑子里的概念上研究，然后寻得着；若只是死板板地在外界的事物上研究，那万物当中哪里寻得出一个无定形、无定限的东西来做宇宙的本体呢？老夫阿那克西曼德的宇宙哲学的讲演就此告终了！再会，再会！

听后的回顾　朋友们！刚才听了阿那克西曼德老头的哲学讲演，大家有什么感想呢？我觉得他讲的与泰勒斯讲的有相同的地方，有相异的地方。相同的地方，就在宇宙的本体都是一元、都有活力——都是一元的物活说。相异的地方：泰勒斯以水为本体，是纯粹科学家的见解；阿那克西曼德以无限为本体，无限这个名词不是我们的感官所能经验得到的，不过是思想上的一个概念，似乎有点儿近于神秘。但是我们将他现在流传的那一句话看起来，所谓"凡不正的动作，要受罚与赔偿，而归还原地"，其中含有神性，虽然有宗教的色彩，却没有神秘的色彩，因为他之所谓原地，即是指无限说的，"无限"是他所认的万物的本原，即是物质的本体。以物质的本体认为即神之所在，以希腊神话上的多神看起来，他的说法有一神论的倾向，而且超脱迷信的神的观念，归到哲学的神的观念来了。所以我们听了安老头[①]的本体论，有最当注意之点，就是他说无限不光有反对性，而且有神性。

无限 { 反对性
　　　 神性

反对性是自然界的来源，神性是宗教的来源。以说明"宇宙的最高观念"为"神"，自阿那克西曼德开其端，这是我们要记着的。暂且莫管，且听第三幕！

① 指阿那克西曼德。因原书将其译为"安纳门"，故此称为"安老头"。——编者注。

第三幕　阿那克西美尼

表白　老夫阿那克西美尼(Anaximenes),今年高寿两千四百八十三岁了！记得老夫出世时是在纪元前560年,入棺时恰当纪元前500整年。老夫与泰勒斯、阿那克西曼德同是伊奥尼亚的名种,米利都的市民。有些人总说我与阿那克西曼德是泰勒斯的门徒,其实我们三人只是米利都学派的三弟兄,不过泰勒斯是老大,阿那克西曼德是老二,老夫便是老幺,受他们两位老兄的指教固然不少,但是他们要的宇宙大戏,老夫有些不佩服。你看泰大哥要水,岂不怕全世界的人被他淹死？安二哥[①]要无限,又岂不怕把全世界的人迷死！老夫却不跟着他们来要这一套,另外找个东西来要。要什么呢？老夫要空气。空气既不会湮死人,又不会迷着人,而且是没有人离开空气可以生活哩！可惜老夫当时用伊奥尼亚的方言著成的一册空气戏本,不但凑巧同安二哥著的《万物生起之原理》同一个名字,并且同样地散失了,同样地而今只流传一句了,说来岂不可惜！

哲学其一　老夫所要的空气,除开鸦片烟的毒气而外,一切烟霞云雾都包括在内。老夫何以不跟着泰大哥要"水"呢？因为"水"这样东西虽然流转,却有定形,以定形之水不能说明宇宙一切定形之物。又何以不跟着安二哥要"无限"呢？因为"无限"虽无定形,却不可捉摸;以不可捉摸之无限,也不能解释宇宙万物实在之体。恰好！"空气"比"水"流转得厉害,而且无定形;与"无限"同是无限性,而且可以实验。又就老

① 即阿那克西曼德,因原书译为"安纳门",故有此称谓。——编者注。

夫的著述而今流传着的那“空气是万物生存的元气,全世界因空气保持生存,也同我们因空气保持生存的一样”一句话看来,说空气是万物的本原——宇宙的本体——真是很对,所以老夫的宇宙哲学上的第一个假设就此立定了。

其二　诸位！这空气又怎样能够产生千样万态的物件出来呢？你看泰勒斯的水,多么有活力！一运动而万物化生。又看阿那克西曼德的无限,多么厉害！一反对而天地开辟。可是老夫的空气比水越发有活力,越发能运动;比无限的反对越发进一步,容易说明产生万物的所以然。因为空气一活动就生厚薄,由厚薄就产生千奇百怪的诸天体,所以老夫立了第二个假设:“万物之来源由于空气之厚薄。”

其三　老夫对于宇宙的构造也有简单明了的见解。宇宙构造之初,大地先成。后来从大地蒸发之气渐渐稀薄,变而为火,随火旋转,就生天体。大地扁平而广,形象如盆,所以被空气支着而不动。天体也浮在空气之中,回转大地的左右;大地譬如我们的头,天体譬如头上的帽,帽只能向头之周围左右旋动,不能上下回转;所以晚间不见日轮的缘故,并非日轮行在地下去了,不过隐在大地的北方,为高处所遮掩罢了。

终演　归结起来,老夫的宇宙哲学上的根本假设不过两个:

(1)空气是宇宙的本体;

(2)万物之发生由于空气的厚薄。

所以老夫阿那克西美尼耍的空气把戏不过如此。再会！再会！

听后的回顾　朋友们,我们听了阿那克西美尼的宇宙哲学戏,发生怎样的感想呢？我觉得他所演的没有什么新鲜花样。他关于本体的假设,拿来与泰勒斯的比较,空气与水没有什么大差别。拿来与阿那克西曼德的比较，空气是自然界的物体，无限是概念上的物体，也不过只是显隐的差别。至于他关于万物发生的假设，与泰勒斯的活力运动的思想完全相同，与阿那克西曼德的反对性之说亦复一致。因为空气的浓厚，不外由于寒湿；空气的淡薄，不外由于干暖。阿那克西曼德的无限的反对性，亚里士多德曾有寒暖二气相反对相分离的解释，即此可见阿那克西美尼的空气戏没有什么新鲜，同是“一元的物活说”罢了。因为他是米利都学派三大名角的老么，自然如此！

朋友们，我们今天来到米利都市府听了米利都学派三大名角的宇宙戏，也算不辜负这一日可宝贵的光阴，现在我们大家都不免疲倦了，回到旅馆去休息休息，然后将这一天之内所得到的与光阴同价值的宝贝——思想——哲学思想——宇宙哲学思想，写在个人的日记簿上，然后去安眠，明天起来再打主意吧。

<table>
<tr><th colspan="6">米利都学派的宇宙哲学思想</th></tr>
<tr><th rowspan="2">代表人物</th><th colspan="3">宇 宙 本 体</th><th rowspan="2">万物之由来</th><th rowspan="2">同 点</th></tr>
<tr><th>数</th><th>体</th><th>自性</th></tr>
<tr><td>泰勒斯</td><td>1</td><td>水</td><td>不变</td><td>水之活力运动</td><td rowspan="3">一元物活说
（本体不变说）</td></tr>
<tr><td>阿那克西曼德</td><td>1</td><td>无限</td><td>不变</td><td>无限之反对性
（附神性中性）</td></tr>
<tr><td>阿那克西美尼</td><td>2</td><td>空气</td><td>不变</td><td>空气之厚薄</td></tr>
</table>

第二日
听色诺芬尼的哲学戏

我们昨天在这米利都，听了他们三位名角的哲学戏，趣味很好，得的益处也很多。今天又怎样地打算呢？我想离这米利都很近的地方，有一个伊奥尼亚种人的市府，叫作科洛封（Colophon），是一个最著名的宗教哲学家色诺芬尼的生地。我想这产生名人的地方必定有些古迹，何妨就便到彼处去游览。慢着！色诺芬尼二十五岁就离开故乡，唱诵歌曲，漫游各处，过了六十七年的流浪生涯，再后在南意大利终老。传学之地就在南意大利的一个市府埃利亚，所以有人称他是埃利亚学派的始祖。他的古迹，恐怕要到埃利亚处方才寻访得着哩！不错！我记起了！昨日阿那克西美尼那一幕将闭的时节，有人说今天埃利亚的新舞台有著名的角色装演色诺芬尼的哲学戏，我们不如径直买车（票）到埃利亚去吧！

独幕　色诺芬尼

表白一　老夫色诺芬尼(Xenophanes)纪元前570年生于科洛封,纪元前478年死于埃利亚,在希腊社会享年九十二,而今是二千四百九十四岁的守墓老。可恨当年希腊社会,旧信仰完全破坏,新宗教偏地蓬兴,此处立一个教堂,彼处结一个盟社,什么礼拜的仪式,什么一定的戒律,这一类无意识的束缚已经够受了,还有种种妖言邪说,陷人入于迷信,真是我们哲学的故乡之耻。当时的僧侣博士如毕达哥拉斯,也曾遍游各邦,见闻广博,他也跟着兴风作浪,在南部意大利的克罗顿(Crotona)结了一个盟社,声势很大。虽说他的盟社不像其他的只有仪式与戒律,兼习音乐、数学、美术、体操,注重在实际上的宗教改良,但是希腊人心那样地浮动,心中已无所信守,邪说自容易侵入,流俗的宗教思想已经往迷信一途倾向,非从学术上大肆其批评,怎能够挽回宗教的颓风,所以老夫不赞同毕达哥拉斯的办法,大胆地专从学理上攻击流俗的宗教。

表白二　当时宗教与学术的冲突非常轹轧,抒情诗的勃兴,格言诗的脍炙人口,米利都学派的哲学之宣传,都与流俗的宗教思想成为冰炭。在老夫的生地科洛封,越发地不相容了。因为科洛封的宗教仪式特别邪魅得可恶,老夫放言高论,毫无忌惮地攻击,怎能安身得住?所以假扮了一个音乐家,漫游西西里及南部意大利各地,虽则表面上是以吟诗唱歌糊口,实则内容上是以老夫的思想去反对神秘主义的宗教,去攻击不合理的社会仪式,去破坏不近情的风俗习惯,去打动人类的心弦。自从二十五岁离了家乡以至九十二岁永眠在南意大利为止,六十七年间都是这样的生涯。

哲学其一　老夫现在要说明老夫的宇宙观:不像泰勒斯的两眼,只望着水;不像阿那克西曼德的脑,只想着无限;不像阿那克西美尼的呼吸,只感着空气。老夫据理性来观察,知道全世界只是一体,这一体不是别的,只是神。这个神是常住不动的,不在世界以外,世界以外并无神;这个神是不生不灭的,并不像人,人并不是神;可笑世间的人无识无知的,纷纷地议论,以人的模样去想象神。"埃特倭比亚人,以为神的鼻子是平的,颜色是黑的;托拉克人,以为神的眼睛是碧的,胡子是红的;都随他们以自己的尊貌去胡乱地拟想。"老夫尝笑骂他们说:"若果牛同马,有像我们人类一样的手,能绘图画,能做器具,那么,它们也要画出像马像牛的神来哩!"所以老夫以为值得敬礼崇拜的神,也不超出世界以外,也不像人,只是全世界;因为全世界是一体,这一体就是神。"神就是宇宙的本体。"这是老夫哲学上的第一个假设。

其二　老夫既察神是宇宙的全体,又察神是永久不变的、常住不动的,不像水与空气那样的活动,因为它用不着费力去跑东跑西,它已能统制了人。又察神是有限的一个球形,不像"无限"那样无边际;因为它是世界的全体,所以老夫教人们崇拜世界的全体,用不着崇拜"拟人化"的神。因此,老夫哲学上的第二个假设是:"神是常住不变的";第三个假设是:"神是有限的球形。"

其三　老夫观察那日、月、虹、霓等的天象,是从那有光辉的云——燃着的蒸发气——结成的,你看那光一旦消了,那象便没而不见;你看那光一旦发了,那象又显而复现。种种天象,岂不是云的聚散吗?所以那日月星辰,不绝地流走天空,每日每夜都有新日月出现。

终演　老夫色诺芬尼的宇宙戏,是要整个儿全宇宙,不像泰勒斯、阿那克西美尼只要宇宙里的水或空气一件东西,是抱着全宇宙实在儿要;不像阿那克西曼德只抱着“无限”空要。老夫的整个的实在的全宇宙,就是永久不变的神。老夫要看的是这个神,抱着的是这个神,歌着的也是这个神,总结起来不外三个假设:

(1)神是宇宙全体;

(2)神是常住不动的;

(3)神是有限的球形。

此外的把戏都由此演出,你们恐怕听得疲倦了!再会!再会!

听后的回顾 朋友们,我们听了色诺芬尼的演唱,大家对于他的哲学思想以为如何?我觉得有当注意的四点:

(1)他以神为宇宙的本体,他的思想并不在理解自然,是在定宗教上崇拜的对象。

(2)他的神是球形,没有无限与生灭的性质。

(3)他用宗教一元论的形式将米利都学派的一元论传布于希腊人。

(4)他在埃利亚传学,他是米利都学派同着埃利亚学派的连锁(即是他从东希腊到西希腊建了一座思想桥)。

据以上(1)(2)两点,可以看出他的思想与米利都学派的思想不同的地方;合起(3)(4)两点,可以见着他对于希腊思想所发生的影响。

我还有两个感想:第一个是:他虽然以宗教家的见地来解释宇宙的本体,但是他所要的神,不是怪神,不是流俗的宗教上信仰的神,只是整个的宇宙。与其说他是有神论者,不如说他是一个万物有生论者较为妥当。他排斥立在世界外创造世界的神;他排斥拟比于人类支配人间的神。第二点,他于常住不变的唯一的神,怎样能够发生千变万化的物出来,他不曾说明,我们很难索解,但是他的宇宙戏的耍法很神,花样也很新鲜,每日都有新的太阳,每夜都有新的月亮,可见他的宇宙、他的世界真是没有一点儿陈腐咧!

我们今天听得也很有趣,且回旅馆去休息,将今天所得的上了日记簿,明天到爱菲斯[①]听赫拉克利特的独幕戏。黑氏[②]的戏本很著名,很有趣,而且与阿那克西曼德及色诺芬尼的思想有正反对的地方,不可不听。后天再回到埃利亚正好听埃利亚学派的两幕,因为色诺芬尼是埃利亚学派的始祖!他的思想与埃利亚学派的思想有连锁的关系。

<table>
<tr><th colspan="5">色诺芬尼的宇宙哲学思想</th></tr>
<tr><td colspan="3">宇宙的本体</td><td rowspan="2">万物之由来</td><td rowspan="3">世界一体说
全体不变说</td></tr>
<tr><td>数</td><td>体</td><td>性</td></tr>
<tr><td>1</td><td>神(全体)</td><td>不变</td><td>不　明</td></tr>
</table>

① 或译以弗所,在今土耳其伊兹密尔附近。——编者注。
② 指赫拉克利特。因原书译为“黑拉克”,故又称其为黑氏。——编者注。

第三日
听赫拉克利特的哲学戏

我们前昨二日真有趣,前日见着泰勒斯要水,阿那克西曼德要无限,同着阿那克西美尼要空气,昨日又看着色诺芬尼要神,这“哲学之故乡”多么好要!快走呵!快到爱菲斯去呵!今天赫拉克利特要的,听说越发稀罕呵!朋友们!你们知道赫拉克利特要的是什么?喝!这位黑先生[①]别的不要,惯要“火”。你们想要的火宇宙,岂不是闹得满天通红?去吧!去吧!立刻向小亚细亚去吧!哈哈!到了爱菲斯!

独幕 赫拉克利特

表白一 老夫赫拉克利特(Heraclitus)大约是纪元前563年生的,纪元前470年死的,今年春秋也大约是二千四百八十七岁了!生在小亚细亚的沿岸伊奥尼亚的一个市府,爱菲斯(Ephesus)是也。老夫生长在

① 即指赫拉克利特。——编者注。

贵族之家,过不惯那种贵族生活,什么荣誉、有权力的封土,老夫拿它何用,所以弃如"敝履"。可恨平民阶级也一般地胡闹!他们既咒骂贵族阶级的压制,主张平等,却又变本加厉地倒转来压制贵族。老夫睥睨世间庸俗之辈,知道什么叫作平等,只想自己当贵族,不容他人当罢了!就是号称硕学的人们,肚子里塞满了知识,好像字纸篓似的一般,哪里有点儿通泰处;所以老夫本着自己独立的见识,任情所至,骂得一个痛快。

表白二 老夫尝说:"多多地学知一些事情,绝算不得真知识,若果博识,就算真知!那么,毕达哥拉斯、色诺芬尼之流也要算贤者?"老夫愤世嫉俗,悲天悯人,在退隐的生活中常觉着围绕我们的环境多么可耻!所以常发愤激之谈,去激刺世人,他们却加我一个徽号,叫作哭泣的哲学家(weeping philosopher)。其实老夫的眼泪也是白落的了,哪里能洗净世间的一点儿污浊!老夫也曾作了一些散文,自己觉得文辞简净,思想深澈,可以为世俗的警钟;不料他们不懂,以为佶倔聱牙,晦涩难读,又加老夫一个徽号,叫作黑暗的哲学家(dark philosopher)。那些散文,现在也只存着些断片的句语。这也难怪他们,老夫的句句是火,字字有光,他们的眼睛与心灵都被泰勒斯的水湮坏了,所以只见着黑暗,哪里能见着光明?

哲学其一 老夫拿着自家心里的火把来照这个宇宙,见着万物变化,流转无穷,因此了然宇宙的本体本来只是变迁流转,哪里有什么常住不变!所以说世界的实相,不外是由此物变彼物,又由彼物转此物,新陈代谢,变转无穷,没有一刻儿停止的。老夫曾有一个譬语:"濯足长流抽足再入已非前水。"(You cannot step into the same river, for fresh waters are ever flowing in upon you. 译语见严)"所不变的只有变化。"(The only unchanging thing is changing.）但是泰勒斯、色诺芬尼们都认宇宙的本体是不变的，是何缘故呢？大概是因万物虽然彼此变化，其量仍是平均不变，所以有此误认。其实万物的本体变与不变同着万物的量变与不变别是一个问题，不能混在一块儿看的，所以老夫的宇宙哲学上的第一个假设是："宇宙的本体是变化不息的。"

其二　这宇宙的本体，为什么这样地变化不息呢？听者诸君！因为万物的根本上带得有"反对流"。因为反对流，所以万物生；万物的生灭，没有片刻的宁静，正是反对流的相争；有争故有活动，有活动，故能保持调和；一方不死则争，争则与他方共生；所以老夫曾说"反对的和谐，是万物生存的原理。""争是万物之父，是万事之王。""神也有昼夜，也有冬夏，也有战和，也有饥饱。""荷马（Homer）祈祷神与人间的息争，他无异祈祷宇宙的灭亡。""世人不知世界的调和的构造悬在反对的吃紧，与弓的构造一般。"就这一类而今尚在流传的片语，可见老夫的哲学上的第二假设是："反对的和谐，是宇宙生存的根本。"

其三　老夫见着万物的生灭变化，只同是一个根本。这一个根本，就是反对之流行，所以说"一以万物而成，万物从一而生"。但是真正地为这反对的根本的活动力，究竟是什么东西呢？我们看呵！放开眼孔看啊！宇宙间最泼活的东西，哪里有赛得过那叫作火的宝贝呢？它一来，则金石成流，土木成烟，人们沾着点儿火气，多么活泼聪明！缺乏点儿火气，整个的冥顽不灵！所以说"干燥的灵魂，是最贤的、最胜利的"。所以说"万物变化的根本就是火"。你看"一切物转为火，火又转为一切物；恰如器物换金货，金货换器物的一般"。"世界不是神造的，也不是人造的，是永久活着的火，从一定不变的量燃烧成的。"人们的灵魂要想不绝地保持它的活力,不得不常从感官与呼吸,多受些宇宙的火气;假若塞了火气的通路,人们便要枯死,所以我们当着睡眠的时候,除开呼吸那一条路而外,其他通宇宙的神火之道完全塞着了;难怪关锁在自己的小世界里,只是逞着迷妄的梦。老夫要打破人间的迷梦,所以老夫的哲学上立了第三个假设:“万物变化的原物与原力只是火”,“即宇宙的本体是火”。

其四 老夫观察万物的变化,有变化的规律,所以又下了第四个假设:“一切变化之中,其永存不变的唯变化的法则。”循此法则,火失了热变而为水;水再失热变而为地;地增了热变而为水;水再增热又变成火。往来转变,其中寓有规律。由火变水变地叫作下道(downward way),由地变水变火叫作上道(upward way)。趋上趋下的两个反对方向是相待而成的,无上道则下道不成,无下道则上道不生。所以凡物的存在,不是自身独存的,说此物的存在,是说从彼物来;说彼物的存在,是说从此物往,没有反对的方面简直是无物。要是“没有不正的名,我们从何知正呢?善与恶也是如此”。

终演 归结起来,老夫的火把戏的根本花样只是四个假设:

(1)宇宙唯一的本体是变化不息的;

(2)反对的和谐是宇宙生存的根本;

(3)万物变化的原物原力只是火,即宇宙的本体是火;

(4)一切变化之中其永存不变的唯有变化的法则。

老夫赫拉克利特要的火,本来很光明的,你们或许说是黑暗的;老夫要的宇宙是干燥的,或许你们也说是哭泣的,老夫都不管。再会!再会!

听后的回顾 朋友们,我们今天的光阴真消费得有价值呵!刚才黑老头①要的宇宙的神火非常有趣，他所讲的反对，拿阿那克西曼德所说的反对来比着看，各人的见解大不相同：阿那克西曼德说万物因反对的缘故，其势不免互相侵害，等到失了中正，就要受罚与赔偿；赫拉克利特却说万物因反对的缘故，势必至于互相调和，所以能保持中正。这两种反对，我想我们旅行完了的时节都可以带回去做赠品。我们的小百姓，正用得着赫拉克利特的反对哩！

关于宇宙本体的解释，他对于“唯一”的一点，虽然与米利都学派及色诺芬尼的见地相同，却认为本体是变化的，是他的独特之见。原来伊奥尼亚人见着宇宙现象千变万化，觉得奇秘，一般思想都往不变的本体去追求，他却根本上认本体是变化的，而且他以为变化之中有变化的规律，已隐伏了近代科学的因果律的意思，我们不得不佩服他真有独到之处。

他还说：凡物必由反对两方相待而成，无上则无下，无彼则无此，无邪则无正，无恶则无善。这也是近世相对论(relativity)的启示，可见他的戏法贡献在哲学史上的不少。我们将他今天所说的要点上了日记簿，快去休息吧！明天清早要回到埃利亚接续听埃利亚学派的好戏哩！

<table>
<tr><td colspan="5">赫拉克利特的宇宙哲学思想</td></tr>
<tr><td colspan="3">宇宙的本体</td><td>万物之由来</td><td rowspan="3">一元变化说</td></tr>
<tr><td>数</td><td>体</td><td>性</td><td rowspan="2">反对之和谐</td></tr>
<tr><td>1</td><td>火</td><td>变</td></tr>
</table>

① 即赫拉克利特。——编者注。

第四日

听埃利亚学派的哲学戏(一元论的极端)

朋友们！我们来到这哲学的故乡，一连听了三天的宇宙哲学戏，见着了米利都舞台的三位老名角各拿各的一个不变的本体——水、无限、空气——耍出千山万水，埃利亚舞台的色诺芬尼拿着一个不动的全体——神——有限的球形——耍得神乎其神。他们的戏法虽然变化百出，可是各人手里拿着的那一个东西总不能变的，不如爱菲斯舞台的赫拉克利特耍得更奇妙！连手里拿着的那一个原物——火——都不消说会变化，这岂不好看煞人！今天埃利亚学派的两大名角巴门尼德同着芝诺要登场了。听说他俩的耍法，与赫拉克利特正相反对：老头的是什么都能变，他们俩的是什么都不变，这不免令人叫奇了！什么都不变？难道他们俩能够将整个儿的宇宙抬出来给我们看吗？嘻！真奇特！朋友们！快去吧！快到埃利亚舞台，去看他们俩怎的耍法！

第一幕　巴门尼德

表白　老夫巴门尼德(Parmenides),埃利亚的一个市民,自家生死年月也记得很模糊,生年大约是在纪元前520年左右,死年却一时记不起了,而今二千四百四十四岁的春秋,好不老煞人也！当年这埃利亚地方,人口稀少,后来波斯人征服了小亚细亚沿岸叫作费卡亚(Phocaea)的一个市府,那许多伊奥尼亚种的难民从费卡亚移来此地,人口顿时增加,地方政治不得不有一番振作。老夫曾应市民的请求,制作了一些法令。除了尽政治上的责任而外,老夫的精神专重在学问与道德的修养,所以颇受时人的尊崇。恰好色诺芬尼来游本邦,留此讲学,老夫因而窥见他的思想。他的见解虽然与老夫的不同,但不如赫拉克利特的与老夫的正立在反对的地位。色诺芬尼的见解虽未达到宇宙实体,无论全体无论个体都是平等无差、不变不动的地位,他却已经见到全体唯一是常住不动的。至于赫拉克利特的思想,以为万物生存的原理只是变化流转,并且拿着一个火把来当着宇宙的原物,只图自己要得热闹,不管距真理太离得远了。老夫脑筋里的把戏却没有这样地活动,所以老夫的眼里瞧着的、手里要着的宇宙,只是无始终、不生灭、不可割、唯一不二、平等无差、不变不动、自足圆满的一个球。这个球既说它不会变,又不会动,老夫怎样地能拿着要呢?且听老夫仔细地演来!

哲学其一　你们看呵！这里有一个很圆满的球哟！从它的中心到周围八方都是相等的广阔。这个球你们不可用肉眼去瞧它,用肉眼怎样也瞧它不着,因为我们生存在它的里面,不过是微而又微的微生虫,我们的肉眼怎能够瞧着它这样大的东西呢?所以我们要想真真地认识它,非用我们的心眼——理性——去观察它不可。这个圆满的球是怎么一种东西构成的呢？老夫想不是水，不是火，不是空气，不是无限，也不是神，只是无始无终、不生不灭、不可分割、唯一不二、平等无差、不变不动、其名曰“有”(Being)的一种实体构成的，这个叫作“有”的实体。

何以说“有”是无始无终呢？曾有的“有”与将有的“有”都非“有”，唯现有的“有”才算“有”，所以“有”的存在，无过去，无将来，只是无始无终的现在。

何以说“有”不生不灭呢？“有”不能说生，说生，就不可不说是谁生的；若说“非有”生的，“非有”不能生“有”，理很明了；若说是“有”生的，“有”生“有”还只是“有”；所以“有”不能看出它的生起之始。“有”亦不能说灭，说灭就成“非有”；“有”既为“有”，自然不为“非有”，理亦显见；所以说“有”不生不灭。

何以说“有”不可分割、唯一不二呢？“有”若说可以分割，那入到“有”的中间去分割的，不可不说是“有”，“有”与“有”连，怎见分割？若说“非有”，又如何能入到“有”的中间去分割“有”？所以说“有”不可分割、唯一不二。

何以说“有”平等无差呢？“有”既是唯一不二，自是“有”外无物；“有”外无物，故无比较；无比较，故无多少厚薄；所以说“有”平等无差。

何以说“有”不变不动呢？无始无终，不生不灭，所以说它不变；“有”外无物，即“有”外无“非有”(non-being)。换句话说，只有“有”，无“非有”。何以说无“非有”呢？“非有”本无，如何能说有，“有”外既无“非有”，“有”是实在，“非有”是空虚，即是实在之外无空虚，无空虚，故无此处彼处容“有”移动，所以说它不动。

明白了以上说的“有”的本性，那自足圆满的球就显然陈在眼前，就见着世界的实在，就见着宇宙的本体；因为“有”就是实体，就是实在，就是充塞空间，占满时间，整个不断毫无差别的一个自足圆满的球。它的真相，人人都可以见得着的，只消将我们肉眼所见着的一切物体的差别性通通地抽象去掉，那最后余存的基本便是。所以老夫的哲学上的第一、第二假设是：“宇宙的实体只是‘有’”，“有是不变不动的。”

其二 老夫说的“有”，同着“思想”的关系很亲密，它们俩或者竟至恋爱成了一个。因为凡是一切思想的事情，不可不为“有”；要是“非有”，便不可思想。一说思想，就是“有”的思想，入思想去构成思想的，“有”以外无物。因此老夫的哲学上的第三个假设是：“‘有’与‘思想’为同一。”

其三 宇宙的实体只是唯一不变的“有”，何以世人那样地惊讶杂多变动？因为人们有理性同着感官，感官所见着的，都是迷妄；理性所见着的，方是真理。世人喜用感官去看世界，所以只见着变动杂多，见不着唯一不变的“有”。所以老夫立了第四个假设：“认识宇宙的实体的工具，唯有理性。”

其四 老夫曾作有两篇诗：第一篇叙述平等无差为“有”、变化杂多为“非有”的真理；第二篇依据俗见，说明变化杂多的所以然，可以叫作《假说的物理论》。在《假说的物理论》当中，说明凡物皆从明暗二元而成：明的是暖，轻稀；暗的是寒，重浓；明的近于“有”，暗的近于“非有”；明暗两者，皆视作实有，所以有变化杂多的倒见。我们的知觉的敏钝，也从组织身体的明暗二元配合的程度而生：暖而明的，知力的生气旺；寒而暗的，知力的生气微；明的知觉外界的明质，暗的知觉外界的暗质，各从其性质之所近。

其五　老夫观察宇宙是由相重的球层构造成的,中央的球,其名曰核(指我们所住的地球)。此核球同着宇宙外皮极端的球层,是由无光的暗质而成,有火层包着这外皮的两面及核的外面。那两火层的中间,有火质及暗质相混合的几层之球。

终演　老夫耍的宇宙很笨重的,抬不动的,耍多了觉得很疲倦,暂且求一个归结:

(1)宇宙的实体只是"有";

(2)"有"是不变不动的;

(3)"有"与思想同一;

(4)认识"有"须本着"理性"。

听后的回顾　朋友们!你们觉得巴门尼德的宇宙戏怎么样?我觉得他的根本思想,就在排斥变动杂多,指示唯一的"有"。这个"有"不是纯理的,是实体的——将物体的差别性一齐抽象去掉余剩的实体,这叫作实体论。后来在希腊哲学的发达上恐怕有很大的关系,这一点我们不可不记着的。还有关于"有"的认识的说法,将理性与感官明白地区分出来,也是他在哲学上的一个新花样。

还有拿今日巴门尼德的耍法,与昨日赫拉克利特的耍法合看起来,可见米利都学派的混合耍法被他们俩完全分开了。怎样说呢?米利都学派的宇宙的根本概念,包括有矛盾的两个概念:①是"不变的本体";②是"本体具有根本的潜力,为变化根源"。赫拉克利特丢掉第①个概念,只拿第②个概念来变戏法,巴门尼德却丢掉第②个,专拿第①个来耍,这些法门我们都很要注意。暂住莫说,第二幕快开了!他的高足弟子芝诺快出来了！听说芝诺天生的一口好辩材，听他说法，天上的鸟可以不飞，海里的鱼可以不游，岂不算得一张妙口！

第二幕　芝诺

表白　老夫芝诺与老师巴门尼德同乡，年龄虽然小他二十五岁，口才却是“青胜于蓝”，专好将“论敌”的论证扯得粉碎，暴露他们自家撞着的论点，虽然于我老师的学说没有积极地扩张建设，却从消极方面打破杂多变化论的壁垒，为师说辩护得不少。老夫发言破敌，喜用问答体的散文，以便分析问难，中敌要害。当时暴君横行，乡国有难，老夫热血潮涌，怎生遏止得住，一面以文字攻击，唤起舆论；一面纠合同志，图谋实际的除残。不料事机不密，反被鞫讯，老夫辱骂暴君，痛责群臣，虽然死得惨酷，却骂得一个痛快！光阴易过得很，转瞬之间，老夫不觉已是二千四百一十九岁了！今日兴致不乏，趁着我老师在这埃利亚舞台重演他的哲学戏，老夫也接着第二幕，将当年创作的“证辩法”重演一番。

哲学其一　老夫所证辩的分为两种：(一)是批难杂多的论证；(二)是批难运动的论证。现在先论：

(一)难杂多　持难杂多论的人，以为量有大小，数有多少。

就量的大小说，已明明伏了一个很大的矛盾，就是“一件东西为无限大，同时也为无限小”。何以见着有这个矛盾呢？相集而成杂多的各个东西，不可不含有小至于无分量不可分的若干个(若些微有点分量，必可再分)，无分量的若干个相加，不能使之大；无分量的若干个相减，也不能使之小；所以无论如何相集，总不能生出分量来。然则若干的一个相集而成的“杂多”,到底是无分量,这不可不说是无限小。又若以一个为有多少的分量,其中的一部分到它部分,不可不有若干的距离;因此,我们可以想见尚有比较还小的若干分量,即我们可以见着一个之中含有某分量的无数部分。然则无限的有分量的部分相集而成的杂多,岂不是无限的分量?这不可不说是无限大。总而言之,相集而成杂多的各个,若一点儿分量也没有,便是无限小;些微有点分量,便成无限大,一件东西同时为无限大无限小,岂不是自家冲突的笑话?

就数的多少说,也伏了一个矛盾,就是“其数有限同时无限”。何以说呢?若说一个“多”,实际必有不多不少恰与实在的“多”相合的数,可见其数是有定限的,不是无定限的;但是假定其“多”为二,分别二个的,其间必有第三者,于是其多为三;又分别三个时,其间必有第四者,于是其多为四,为五,为六……以至无穷,岂不是无定限?一个“多”的数,既说了有限,同时又说无限,又闹自家矛盾的笑话了!再论:

(二)难运动　持运动说的人,不可不承认四点:(a)一定的距离,(b)不定的距离,(c)运动的无限小,(d)运动的迟速。

就一定的距离说,运动已不可能。何以呢?假如一定的距离为甲乙两点,从甲到乙,先不可不到甲乙的中央点a,但从甲到a点的时候,先又不可不到甲与a之中央点r;而从甲到r点的时节,又不可不先到甲与r之中央点;因此,中央点必然无限,故甲乙两点间为无限的中央点隔绝,从甲到乙,终为不可能的事情。

就不定的距离说,运动也不可能。何以呢?譬如阿基里斯(Achilles,神话上善走的人物)虽然善走,他要想追及先走了一步的乌龟,到底追赶不到:假定阿基里斯所在之点为甲,龟所在之点为乙,而且阿基里斯的速力大于龟的速力百倍；那么，阿基里斯跑到乙点的时候，龟已经进了甲乙距离的百分之一而到丙点；阿基里斯又从乙点追到丙点的时候，龟又进了乙丙距离的百分之一而到丁点；阿基里斯再跑到丁点的时候，龟又进了丙丁距离的百分之一而到戊点；如是追赶，终无赶到之期。故无论何物，超越不定距离以达到它物，也是不可能的事。

就运动的无限小说，越见无物可以运动。何以呢？运动的刹那无限小，譬如飞矢在一刹那（即无限小的时间）停在一点，何曾运动？然则第一刹那不动，第二刹那不动，第三、第四以至无穷的刹那也是不动，所以说人见飞矢运动，不过是俗眼的迷妄之见。

又就运动的迟速说，终不能证明一物能运动。何以呢？譬如说有甲物向乙物运动，在甲乙相向运动的时节，那甲达到乙的速力自然要比甲动而乙不动的时节快得多；但是在甲动而乙不动的时节，那是一定的距离的运动，前面已经说过是说不通的事情。又在甲乙相向运动的时节，前面也曾说过，彼此各在无限小的刹那停止，根本上并不曾运动，哪里生出来的迟速？况且甲乙相向运动，也是从一定的距离起点，莫说各有无限的中央点隔绝，终是不能达到的；就假定说可以达到的话，在同一的距离，须得要同一的时间也是很明白的道理，如今说有迟速，岂不是不可思虑的事么？（空间以极小之点而成，时间以极小的瞬间而成，在极小的时间，只能通过极小的空间，就是在一周间可得通过的，只是一点，所以在同一的时间，不可说通过或多或少的空间，因此，迟速之说也讲不过去。）

其二　老夫于证辩“杂多”“运动”论不可通外，对于凡物存在虚空之说也加攻击，何以故呢？因为若说“有”存在虚空之中，先不可不承认虚空为“有”,这样一来,不可不说虚空亦存在虚空之中,而容虚空的虚空也不可不说存在虚空之中,如是虚空要虚空,以至于无穷,可见虚空的观念很不妥当。老实说,可以存在的东西,只是充塞空间的“有”;“有”以外,没有叫作虚空的东西存在的道理;“有”以外,只是无。

终演　总结起来,老夫芝诺的根本见解,空间、时间是不可分的。假定依从反对论者之说(即杂多变化论),那空间、时间必可得无限的分割,因而多与动的观念就发生自家矛盾。总而言之,无限小的空间如何能积成有分量的空间?无限小的时间如何能积成有分量的时间?老夫提出这个问难,要是不能解答,那杂多变化论便无立足之地。因此,我老师巴门尼德的无始无终、不生不灭、不可分割、唯一不二、平等无差、不变不动、其名曰“有”、自足圆满的球显见得是整个儿的真宇宙无疑了。我们埃利亚学派的宇宙戏就是要这一个圆球——“有”,老夫证辩的根据再特别声明于下,就此告辞了!

(1)时间与空间是不可分的(时间无过去、无未来,只有永恒的现在,空间充塞“有”);

(2)虚空即是无。

听后的回顾　朋友们!我们看芝诺的脑子里要的把戏,虽然没有什么新花头,不过从消极方面使些法宝去破论敌的壁垒,来保护他老师巴门尼德的法术罢了,但是他的辩证法很可以供我们开心的。譬如说:今天朋友们听得口苦了,我请你们吃一根五寸长的甘蔗,你们一口吃一半,吃一万年也吃不尽;朋友们听得肚子饿了,我请你们吃一个汤团,你们无论如何也送不到口里去,这岂不是很开心的话吗?这样的辩证纵然没有什么大价值，可是从此以后，论理术一天比一天地发达起来，他也算是一个引头。

我们再就这两幕埃利亚学派的代表戏看起来，希腊哲学中“一元的宇宙论”到此恐怕走到极端了。怎么说呢？你看自从泰勒斯开演“一元论”以来，大家都认定唯一不变的本体同着杂多变动的万象是相容的、没有冲突的。到了赫拉克利特更进一步，认定唯一的本体也是变化的。及至巴门尼德与芝诺两师徒出台，极端地主张唯一不二的实有，不容杂多与变动的说法在此意味之下，埃利亚学派的学说又叫作无宇宙论（Akosmismus）。因为万象的事物都没入泰一了，可见“一元的宇宙论”已经走到尽头处了。有两句诗吟得好：“山重水复疑无路，柳暗花明又一村”，“多元论”的新村就要从“一元论”的尽头处展开出来！我们且把今日埃利亚学派所演的要点上了日记簿，休息休息，准备着明日开始去看多元论的名角的新戏吧！

<table>
<tr><th colspan="6">埃利亚学派的宇宙哲学思想</th></tr>
<tr><th rowspan="2">代表人物</th><th colspan="3">宇宙本体</th><th rowspan="2">万物之由来</th><th rowspan="2"></th></tr>
<tr><th>数</th><th>体</th><th>性</th></tr>
<tr><td>巴门尼德
芝　诺</td><td>1</td><td>“有”
不可
分割</td><td>不变</td><td>无始无终
自体来然
不变不动
平等无差</td><td>（全体个体都不变）
实体论
（抽象的一元论）</td></tr>
</table>

还有两点要记上的：我们自从到了这哲学之故乡，听了他们“一元的宇宙论”的代表戏，除了得着一些他们的宇宙哲学思想

外,并且见着他们的脑筋运动、口舌运动、手笔运动,收了两个很大的结果:

(1)是理性与感觉、思考与经验显然区分出来,提醒当时希腊社会一般人注重理性与思考,而排斥“不思想”与“成见”,所以学问越发进步。

(2)是神秘主义渐渐屈服了,希腊的思想界对于哲学科学极感兴趣了,因此,一般人的迷信也渐渐减少了。

第五日
听恩培多克勒的哲学戏
（多元论开始）

朋友们！你们今天大家都来西西里舞台听恩培多克勒吗？我们到了哲学之故乡今天不过是第五日，在前四天之内，虽然为日不多，居然将他们一百五十年左右（从泰勒斯起到芝诺止）思想界的希腊浏览过了。真是快活呵！你们知道这一百五十年间，他们的思想不特铸造了当时的希腊魂，此后希腊社会所开的思想花皆由此时播种呢。不过此时的种子，虽说有“水”、有“火”、有“空气”、有“无限”、有“神”、有“有”各种的不同，但是他们播种的人只撰选一种去栽培灌溉，所以他们各人的园地里开出来的花，各是一色，所以他们都叫作“一元论者”。到了纪元前472年以后，恩培多克勒出世了，他的思想园里播的种子就不是单纯的一种，他选择了“水”、“空气”同“火”，又加上了一个“地”，一共四种，所以他弄出来的花样很多，后来许多人都仿照他的法子，不用纯种，用杂种，所以他们都叫作“多元论者”。多元论者从恩培多克勒起首。他生长在地中海中的一个岛屿西西里（Sicily），所以今天西西里的舞台要装演他的哲学戏。听吧！已经开幕了。

独幕　恩培多克勒

表白一　老夫恩培多克勒(Empedocles)现年二千四百一十五岁，纪元前491年到(纪元前)[①]430年共六十一个年间，为西西里岛的一个市府吉尔真蒂[②](Girgenti)的市民。当时眼看着一般人的罪恶以及平民的疾苦，自家信奉宗教，以轮回转生、未来赏罚之说劝化他们的愚顽，又操医术去救平民的疾病，而且投入民主党，尽力去为平民图谋利益。老夫不辞劳苦，巡游民间，访问民隐，宣传教法，他们不知老夫志所在，竟至想拿王冠来加在我的头上，这未免有点反辱了我。老夫只得隐遁到伯罗奔尼撒(Peloponnesus)去终余年罢了[或传恩培多克勒曾经跳进埃特纳(Aetna)的火山口里去，使人相信他成了仙]。

表白二　老夫喜欢研究毕达哥拉斯、埃利亚学派同着伊奥尼亚学派的学说，曾经作有关于自然的哲学诗二篇，叙述老夫的哲学思想。可惜而今只存留着一些断片！今天在这西西里的舞台，就便将当年老夫的见解重演一番。

哲学其一　赫拉克利特说宇宙的本体只有变化，埃利亚学派的两师徒巴门尼德与芝诺说宇宙的实体绝没有变化，老夫想想他们两师徒说的倒也不错，但是未免太过火，全然否认生灭变化，并且否认差别，照他们

---

① 括号内字为编者根据上下文义所加。——编者注。

② 即今意大利阿格里琴托，1927年以前称吉尔真蒂。——编者注。

的说法,除非我们都是瞎子,看不出万物的千状万态,那也罢了。我们明明地睁着一只眼睛,见着万物的出没变化,是不可疑的事实。这变化的事实与恒久不变的实体,据老夫的见解,很有调和的余地,正不必各走极端。他们的错误只在固执着一个单纯"唯一"不二的本原,因为要免除与"唯一"的冲突,所以说变就通通变,说不变就通通不变,都看不着真理。伊奥尼亚学派(即米利都学派)一方面说本体不变,一方面承认万象是变,虽于真理相近,但也是固执着本体唯一之说,又生出"一"与"多"的矛盾。老夫看形成万物的元素固然是无生灭,无增减,无变化;但是这元素不止一种,因为万物的成坏变动,不外由几个不变化、不生灭的元素,或聚合或离散而成。聚合就是物之成,离散就是物之坏,所以老夫的哲学诗里曾说:"凡物没有生灭,只有混合与离散,在俗人的眼睛里,以为就是生灭。"因此老夫的哲学上的第一个假设就是:"万物的生灭变化,由于不生灭不变化的几种元素之聚合离散",这几种元素叫作"万物之根"。

其二　叫作万物之根的元素是什么呢?一共有几种呢?不外地、水、火、空气四种。火有光热,空气透明而且流通,水的性冷而黑,地的性重而坚,万物都从此四元素聚合而成。譬如画工混合颜色描写物像一般。这四元素存在全世界的总量虽然相等,存在各物的量却不同一,而且一个物的当中,不必四元素通通混合,不过万物的成坏都不外这四元素的离合罢了。所以老夫的第二个假设:"万物之根是地、水、火、空气四元素。"

其三　听者诸君!老夫选着的这四个元素,它们的自体自性原是不生灭不变化的,而且它们常常这样地保持着,云何它们能够离合聚散呢?

这不是老夫的戏法巧妙,原来其中有个道理:就是它们的外面有两种很大的动力——爱、憎,使它们或散或合。爱使它们合,憎使它们散,可以说宇宙是万物的金库,爱憎是万物的金钥,金钥的开闭就是万物的出入,所以老夫的第三个假设:“四元素的离合由于爱憎的二动力。”

其四 这两种动力影响于四元素离合的倾向常不一样。从世界全体看起来,爱或憎只要有一方逐渐增进的时节,他方便逐渐减退,以至于有一方压倒他方横领全物界的时节(即全离或全合)。若全物界被爱横领着,那四元素便通通结合,没有一点儿分离,在这个时节,全世界便浑然成了一球体(Sphairo);反之,憎横领着全物界,那四元素便一齐离散,没有一点儿聚合。在这两极端的中间的时期,离合的倾向常互为消长。即是物界从球体的状态,出向它之极端走时,爱渐渐儿衰,憎渐渐儿长,达到离散之极;再向球体之方进,爱又渐渐儿增,憎又渐渐儿减。因此全物界有四个时期的状态——在两极端的时期同着往还的时期的状态,我们能够见着个个物的存在,只是当着往还的时期;若在两极端全合全离的时期,便没有我们见着的这些个个物了。全世界无穷地在这四期中循环来往,就叫作“全世界的循环”。

其五 全世界的人们!我们在这全世界的循环中可以看出一个窍来。一个什么窍呢?一个创造新天地的窍。你看那世界循环,无非离合;离合之起,无非爱憎;爱力的动,就成了吸引;吸引大的,纵然是坚硬的铁,也能结合起来,造成新物。我们只举那磁石吸铁的例,便可明白地看出这个窍来:那磁石方面先放发极微细的分子,进入到铁的窍里;铁的方面也同样地发出微分子,进入到磁石的窍里;但是磁石发放的微分子比较地多,所以就将铁吸引过来。凡是一个物件,看它影响别种物件的大小,都以它发放的微分子的多寡为定。要是它发出的微分子多,而且与别种物件的窍之大小及形相相合时,彼此极容易聚合。所以同种类的物体比较上容易吸引些,因是发出的部分同着窍的大与形最能够适合,这叫作“同种相牵,同类相求”。

其六　我们既明白了物与物怎样地用它们的爱来创成新物,老夫接着要说新天地创成的次第。你们看那因憎而离散的物界的中央,遇着了爱的光降来了,先发生漩涡的状,次吸引周围的物。因此,空气就凝结而成全物界的外皮,火质又出而抑压空气,空气就在下面形成了黑暗的半球,火质也在上面形成了光明的半球,天体便因此造成了。何以有昼夜的分别呢?因为天体的旋转,明的半球翻过来,便是昼;暗的半球翻过来,就是夜。又在暗的半面因为火块散布的缘故,就生了许多的星体。大地当初的状态是黏泥的,因为它的回转,从泥排出了水,从水又排出了空气,空气充塞着天体的最下层,并且覆着大地。日轮是玻璃质成的,集收那明半球的光辉,反射出来,照耀四处。月亮的光也因反射日轮的光方才有的,它的形状好似个盆一般,它的体质是空气凝结成的水晶质。日食的缘故,因为月亮夹在日与地的中间。

其七　老夫说了一阵世界的循环,又演了一阵天体的构造,或许你们以为老夫喜欢撒谎,听得大有厌倦了。否,不然,老夫不会扯谎的。你们看老夫的元素说、日食说、月光说,在近世的化学上、星学上还是离不掉这种说法呢。虽然现在的说法比老夫的精进得多,可是老夫在二千几百年前就有这样的创说,自家也足以自豪了。还有近世生物学上的进化论所讲的自然淘汰,也是渊源于老夫的生物说:老夫当日以为“生物之出生于地上,先有植物,而后有动物,它们初从地中生出来的时候,各个部分如手足之类，都是个别的生长；后来渐渐地结合，方形成千种万态的生物。那奇形怪像不适于生存的，就渐次灭亡了，只留下形式合宜的生物在世界上繁殖”。

其八 老夫关于生理的思想也与近世的学说有很多的暗合：老夫将植物的叶，动物的毛，飞鸟的羽，鱼类的鳞；又植物之结实，同着动物之产子比较研究，岂不是近世比较生理学的先导吗？又关于呼吸与知觉，老夫亦曾发表一些见解：呼吸的动作，不光是由于咽喉，并且通过全体的细窍，因为血液从身体的表面退到内部的时节，空气便从皮肤的细窍侵入，等到血液从内部还来表面的时候，空气又被排出，呼吸的动作大概如是。知觉这样东西，不仅动物独有，植物也是有的，只要通过身体的表面之窍的外界的物质，同着存在体内的同种类的物质相遇着，就发生知觉。所以老夫常说：“我们以地见地，以水见水，以火见火，以爱见爱，以憎见憎。”凡物皆因同类而起知觉、视觉的原因，就是当着外物达到眼的微窍时，眼中的水火从其微窍发出，两者相遇着，视觉便因此发生。欲求的心意也是生于同物质的相牵引。

其九 关于宗教的思想，老夫信仰轮回转生之说。我们的灵魂随着我们行为的善恶永劫转生，动物的灵魂与我们的灵魂本来一样，只是动物堕落在罪孽之中，不能自拔。要是在转生中能够弃掉罪孽，便可转为至福的人，更进入于神界。

终演 老夫恩培多克勒对于宇宙的根本见解，虽然赞成埃利亚学派主张的不生不灭不变化的“实有”，却对于他们平等无差、唯一无二、不可分割之说，认为不能说明眼见着的万象。这是老夫的说法与埃利亚学派的异同之点。又对于阿那克西曼德与赫拉克利特的反对说，虽然有多少的相同,但各有各的异点。阿那克西曼德说,物因反对到了失其中正的时节,复归于原地;赫拉克利特说,万物因反对故有争,有争故能保持调和;老夫说的二动力——爱、憎——的憎,固然也有反对性,但是无所谓归于原地,无所谓保持调和,只是离散。这又是老夫的见解与阿那克西曼德、赫拉克利特不同的地方。至于关于天文与宗教上的见地,与毕达哥拉斯虽然也有几分的相同,却是老夫的学说自信有一贯的立脚地。现在也说得多了,且将老夫的宇宙哲学思想总括起来,做个结束,便要告辞了!

(1)万物的生灭变化,由于不生灭不变化的四种元素的离合;

(2)为万物之根的元素,就是地、水、火、气四种;

(3)四元素的离合,由于爱憎的二动力。

听后的回顾　朋友们,刚才恩培多克勒演的哲学戏,你们以为如何?我觉得他合起泰勒斯要过的水,阿那克西美尼要过的空气,加上自己发现的地,又加上与赫拉克利特异性质的火(赫拉克利特的火是变化的——是活火,恩培多克勒的火是不变的——是死火),混合着造成了一个不变不动的死球;从旁施了爱与憎的两个法术,弄得全体灵活,千变万化,他的道法也可算高明得了不得!其结果:

(1)创说了多元论。

(2)启示了元素说(以元素的观念机械地说明万物之生灭变化自此始)。

(3)开导了进化论。

其他的且不必说,光是这三个花样,影响于后世学问上的进步已不少,可是也有他的破绽:

(1)他说了四元素的自体自性是不变化的,而且是常常保持着的,又说了爱横领全物界的时期,完全结合浑然成了一球体,不能见出个物来;然则在此时期,若四元素果如所说保持其自性自体,显然分为四体存在,如何能完全结合?又果如所说,完全结合,那四元素的自性自体又如何能保存?

(2)在憎横领全物界的时期,也有如上同样的矛盾。

(3)宇宙间物的性质有无量数的差别,如何只从四元素而生?

以上三点,是恩培多克勒思想中最难解释的疑问,我们且莫管,将他今日所演的要点上了日记簿,待明日去听阿那克萨哥拉的演唱如何?因为阿那克萨哥拉的根本思想与恩培多克勒相类似,或者他的要法可以解释这几个质疑也说不定。

<table>
<tr><th colspan="5">恩培多克勒的宇宙哲学思想</th></tr>
<tr><td colspan="3">宇宙的本体(元素)</td><td>万物之同来</td><td rowspan="3">多元论</td></tr>
<tr><td>数</td><td>体</td><td>性</td><td rowspan="2">元素以外的
爱憎二动力</td></tr>
<tr><td>4</td><td>地、水、火、气</td><td>不 变</td></tr>
</table>

第六日
听阿那克萨哥拉的哲学戏

朋友们！我们今日一同飞上天去听阿那克萨哥拉(Anaxagoras)的哲学戏吧！怎样说飞上天去听呢？因为阿那克萨哥拉说“天是我的故乡”，其实不然，他不过喜欢研究天体，所以这样地说。他的故乡，是在伊奥尼亚文化范围内的一个市府，就是小亚细亚的克拉佐美尼，与科洛封很相近的。并且他以后移到雅典一直住了三十年。他的哲学都是在那儿倡导的，所以要听他的戏，须得到雅典舞台去，而且今天正是开演的日子，就此携手去吧！

独幕　阿那克萨哥拉

表白　老夫阿那克萨哥拉[纪元前500—(纪元前)①427]现年二千四百二十四岁，克拉佐美尼的市民。回忆纪元前450年左右当波斯战争

① 括号内字为编者根据上下文义所加。——编者注。

结局的时节,伊奥尼亚市府尽为波斯所属,老夫愤慨伤心,移到雅典专心学问,一度三十年,自家家本富豪,只因二十立志,以研究哲学为终身事业,不顾家产,虽弄得老夫赤贫,倒也心安。可恨当时人心愚昧,冤枉老夫亵渎希腊群神,宣告老夫的死刑。幸与雄辩家伯里克利(Pericles)相友善,得他辩护,方才减刑一等,逐出雅典。老夫乃逃到朗普萨柯(Lampsacus),以终余年。曾用散文作了《万物生起之原理》一书,而今可惜也只存一些片断之句了!

哲学其一 老夫的哲学把戏的开端,与恩培多克勒相同,都是本着埃利亚学派的不生灭不变化的实有为起点。可是恩培多克勒由埃利亚学派的一个实有,变成地、水、火、气四个元素;老夫更进一步,由四个元素一变而为无数的种子(Spermata or Kremaia)。因为宇宙间千奇百怪的万物,非由本来性质上千差万别的原物聚合离散,必不能显出这许多状态罗列在人们的眼前。要是不然,仅仅四个元素,翻出来的花样岂不是很有限的吗?所以老夫哲学上的第一个假设:“万有之原物是原来性质上有差别的无数种子。”

那同种类的种子,无论如何分割或集合,其一部分的性质与他部分的性质还是没有差异。譬如黄金任凭怎样分割,终是黄金,不是别样。所以性质上单纯的东西,不能聚合起来变成复杂的东西;只有性质上本来有差别的多数的种子方能相混合,生出千状万态来。不过多数种子相混合的时候,那相异的性质容易埋没,看去好像单纯似的,无怪恩培多克勒把混合体的地、水、火、气误认为单纯的元素了。其实他所说的一种元素当中,再加研究起来,那异性质的种子不知含有若干呢!

其二 这形成万物的无数种子,在太初的时代,完全相混合成一个浑一状。各种子的相合可以至于无穷的大,分割可至无穷的小,所以能够完全混合。后来渐渐地异种相分,同种相集,遂生出了森罗万象。这异种的种子分离,到而今犹未完了,所以一样东西不是完全从一种类的种子成的,其中多少含有他之一切的种子。老夫常说:“一切之中包含一切之部分。”“白雪之白,亦含有黑色。”却是一物当中,虽然包含有各种的种子,其量并不一样,不过当中所含的某类种子为最多,就因此命名。

其三　在太初完全相混合的一切种子,怎样能够分离呢?你看那一切种子之外,有一种根本很灵妙的动力,这种动力比恩培多克勒说的爱憎越发灵妙得多。因为恩培多克勒的爱憎,不免有些傻气。老夫说的动力,有理性,有智慧,所以因它的力量构成的宇宙,多么整秩!多么调和!多么美!这种动力,究竟是什么呢?就是灵智(Nous)。“这灵智在一切物之中,为最精最纯的东西,附着在一切物,有一切的智识,有最大的力量。”它是纯粹独自的存在,毫不与它物相混,因此能动它物,不为它物所动,所以不受束缚。它的动作,是有智识的,有思虑的,不是盲蠢的,赫拉克利特的神火也没它那样地灵活。所以老夫哲学上的第二个假设:“种子的根本动力是灵智。”

其四　灵智呵!可赞美哟!你看那太初的宇宙,不过是诸种子杂糅的混沌状态,遇着灵智一起旋动,就好像水面的波纹,渐渐波及到四方去。而今还是不停地在那里扩进它的范围,将以外的部分逐渐地卷入它的漩涡里。那混沌的物质无限的大,那灵智的波也是无限地进行。最初因为灵智起了旋动,那稀薄、干明、轻暖的物,与浓厚、暗湿、寒重的物,就从此分离出来。前一种物叫作精气(Aither),集在中央;后一种物叫作空气，散布周围。中央之浓重者，排泄出水、土、石等而成大地，又因其旋转飞出许多的石块，入到精气的境内，热炽之后，就变成日星。我们就陨石的飞降可以见出天地组成的道理来。大地的形状恰如圆形柱，上下两面是平的，被空气载着的，静在世界的中央，诸天体皆旋转它的周围。月亮的光乃日光的反射；月食的缘故，因为大地遮蔽了日光；日食的道理，因为月夹在日与大地之间，将日光遮住了。月界有山有谷，也有生物栖息。星自体有光，又得太阳之光以增其光辉。银河就是无日光照着，所以光辉不大。

其五　动植物又从何而生呢？也不外从种子生起来的，就是从那精气及空气界落下来的种子，混入在泥土之中，被日光照射，就渐滋长出来。

动植物皆有灵魂，就是灵智之所在，所以动植物的生育活动，就是灵智的动作。

其六　关于知觉的发生，巴门尼德与恩培多克勒他们都说是同类相逢，所以生感官的知觉。老夫的见解正同他们相反对，我们能够见着外界的物象的缘故，因为我们的瞳子可以映入外界的物象，但是要与瞳子相反的物象方才有效，因为同类相逢，不生激刺，何从发生感觉？我们的瞳子是黑的，所以只能见着有光照着的物，暗中之物不能见着，就因为物色与眼色同暗的缘故，以苦而后能感甘，以冷而后能感热，都是一样的道理。我们的感觉无论何种，多少伴着一点儿苦痛，正因为反对之物相逢着，所以感觉越强，反对之程度越大，因而苦痛越加剧烈的音色，我们觉得很不快，就是很好的例证。

终演　总括起来，老夫阿那克萨哥拉对于宇宙的根本思想，就不生灭不变化的几多原物来说明森罗万象的生起变化,与恩培多克勒相同。虽说他的原物只是四种元素,老夫的原物是无数的种子,这不过是数量上多少的关系,没有什么大差别。根本上最有差别的地方何在呢?恩培多克勒所讲的原物,他自己认为性质上是单纯的,老夫认为是复杂的。换句话说,关于性质上单纯的原物,他以为只有四种,老夫以为有无数种。关于原物的存在,他以为在原始时,本来是单纯独立的,到后来因爱憎的动力,方才离离合合的;老夫以为在原始时,本来是混合一团的,到后来因为灵智的动力,才相分相集的。就此可以看出老夫的把戏的特别。现在将老夫的二个假设重言声明一下,就此告辞了!

(1)万有之原物是原来性质上有差别的无数种子;

(2)种子的根本动力是灵智。

听后的回顾　朋友们,我听了阿那克萨哥拉的宇宙哲学戏,觉得他的耍法比恩培多克勒的耍法要稍微高明一点:因为他的原物,是无数的种子,所以不难变出千状万态的宇宙来。恩培多克勒的三个破绽中,在阿那克萨哥拉的手里可以掩饰一个,其他的两个还是不能解决的难题。

至于阿那克萨哥拉演的那太初时代无数种子完全混合成的宇宙,同着恩培多克勒演的那爱或憎横领全物界时期的四元素全离或全合的宇宙,与埃利亚学派演的无宇宙论有相同之点——万有没入泰一。

关于运动变化的起源,阿那克萨哥拉所演的灵智(Nous)比较恩培多克勒演的爱憎要更进一层合于精神的。因为恩培多克勒的爱憎没有像阿那克萨哥拉的灵智含有目的论的色彩(灵智的动作有思虑、有目的)。

虽说阿那克萨哥拉所演的灵智近于精神,但就他所说的“灵智在一切物中为最精最纯的东西”的话看起来,不可说灵智就是纯粹的精神,还是离不掉物质的意味,所以阿那克萨哥拉的哲学思想尚未完全超脱物理学派的立脚地。可是因为他要出灵智(Nous)以后,从泰勒斯以来的万物有生论——即物活说——就开始破坏了。何以说呢?因为以前的许多学派关于万物变化之由来,都是说由于本体自身的活力——运动即是生命,到了恩培多克勒,尤其到了阿那克萨哥拉,便明明另提出一种生命的新观念,为宇宙的调和与秩序的原动力。我们且将他今日所演的要点上了日记簿再说别的吧!

阿那克萨哥拉的宇宙哲学思想				
宇宙的本体			万物之由来	多元论
数	体	性		
无数	种子	不变	种子以外的“灵智”的动力	

朋友们!今日的日记已经记完了,快休息吧!准备着明天起来,快去底比斯舞台,听一位诗歌音乐神的儿子,绰号“黄金小腿”,真名毕达哥拉斯创的一派哲学戏,我想一定演得特别有趣呵!

第七日

听毕达哥拉斯学派的哲学戏

我们今日要听“黄金小腿”毕达哥拉斯开创的学派演的哲学戏，不可不知道他这一学派的来历。我们这次出发来游哲学之故乡的那一天，曾经研究过《旅行指南》，记得看到论希腊社会的情形当中，关于宗教的危机那一段，不曾说过毕达哥拉斯盟社吗？又到了这故乡里的第二日，在埃利亚舞台听色诺芬尼的演唱，不曾听到舌老头[①]批评过毕达哥拉斯吗？我们虽然晓得了一些大概，但是今天为着听他这一派的新戏，不可不详细地将他的来历先研究一番！

我们读希腊最古的神话同诗歌，我们见着原始希腊民族的思想，都是爱重自然，叹美自然，到了纪元前六世纪的时节，因希腊社会变迁——内政纷扰、外患逼迫——的缘故，民族的生活状态大生变化，思想也因此动摇，所以当时的诗人们不仅以歌咏古来的传说为满足，更应着时代的要求，本着自己的想象去改造传来的神话。在歌咏“天地开辟”的诗人

① 即色诺芬尼，因原书译名为“舌诺法”，故此称“舌老头”。——编者注。

当中,有些依然代表希腊民族的自然主义,有些集合起来做宗教的团结,被称为神秘教(Mystics)。其中最有名的人物为狄俄尼索司(Dionysos)同着俄耳甫斯(Orpheus),俄尔甫斯所传的诗及赞美歌,不外是些灵魂不朽说,同着宗教的道德的人生观、宇宙观。毕达哥拉斯盟社的思想就是承继这神秘教的思想,泰勒斯以下的哲学者承继自然主义的思想,到了柏拉图才将这两派的思想综合起来,他的影响经过伦理时代的希腊哲学,一直到新柏拉图派,这些都是后话。我们在此知道毕达哥拉斯盟社的思想的来源罢了。

还有关于毕达哥拉斯的生涯与事业,同着他创结盟社的始末,我们不可不知道的。毕达哥拉斯约纪元前 582 年生在小亚细亚邻近的萨摩斯岛(Samos),曾为阿那克萨哥拉的门徒。他是一个非常有为的人,遍历埃及、迦勒底(Chaldea)、阿拉伯(Arabia)的各邦,博访僧侣博士,见闻极广;年四十迁居到了南部意大利的克罗顿(Crotona),纠合同志,创立了一个神秘的伦理的结社(即所谓毕达哥拉斯盟社),设一定的体式与戒律,注重躬行实践,并且研究天文、数学、音乐、美术。此派神秘宗教在色雷斯(Thrace)盛行,每年有年会一日,狂饮狂歌,以图超形骸的束缚,谋精神的解放。不过最初的目的,只在宗教的道德的生活上以图改善,继而与贵族社会结托,在克罗顿地方的政治上遂大振其势力。后来惹起平民的反对,到纪元前 430 年,竟至于焚烧社所,扑杀会员,毕达哥拉斯逃出避难,生死不明,其徒亦纷纷逃散。逃到了希腊本部的,有菲洛劳斯(Philolaus)及吕西斯(Lysis),卜居在底比斯(Thebes),为当时有名的硕学,同着其他社员仍结秘密的哲学团体,研究天文、数学,严守戒律,后来以勒仪瓮为中心,稍稍挽回其势力,然不久其团体亦分散。因此之故,所以有前毕达哥拉斯学派与后毕达哥拉斯学派之别,但是他们的学派志在共同研究学术,会员有所发明,以盟社的名义发表。因此,各种学说究竟为谁所发明,概不可得知,当中哪些是毕达哥拉斯自己的学说,也无从辨别,不得已混而言之,叫作毕达哥拉斯学派(Pythagoreasim)。

朋友们!我们看毕达哥拉斯创立的盟社,若在克罗顿地方不招覆灭之祸,也许他们的政治欲一天炽盛一天,不但希腊的平民政治很危险,而且学问上遂无所贡献也说不定。然因这一度的大失败,他们遂弃宗教、政治方面的活动,专心致志去研究学术,致他们的数理哲学影响于后世很大,也未始不是他们这一派与希腊社会的幸事!

还有关于毕达哥拉斯的一个传说,我们也不可不知道他的来历。就是相传毕达哥拉斯是诗歌音乐神的儿子,并且说他的小腿是黄金构成的,所以呼他叫“黄金小腿”。其实哪里有这一回事呢?或许因他性好诗歌音乐,而且喜欢漫游各地,当时的人所以这样称他;也或许是到纪元前一世纪至纪元后二世纪之间,后起的新毕达哥拉斯学派祖述他的学说,尊崇他为教祖,所以特别这样地捏造。我们中国的道士辈称老聃叫作“太上老君”,还不是同样的笑话吗?毕达哥拉斯学派的来历我们已经弄清楚了,就此到色雷斯舞台去听这一派的哲学戏吧!

独幕　毕达哥拉斯学派

表白　老夫不知何许人也,今天代表毕达哥拉斯学派登台演唱他们的哲学戏。他们当日的团体精神大可令人佩服,各人主张的学说都不用各人的名义发表,只以团体的名义公诸世人;比较世间剽窃之流,抄袭之辈，专务欺世盗名的人，不知高出了多少？可是老夫今日代表他们讲演哲学，不免有些困难，到底代表谁呢？代表他们的始祖吗？老夫的小腿不是黄金构成的，而且老夫也不是诗歌音乐神的子孙。代表他的学徒吗？他的学徒多着哩！年会之日，到者数万人，并且他这一学派的学说是经过多少年多少人凑合成的，没有一个最特别著名的代表人物，纵然说有菲洛劳斯（见前）的著作传世，但是他不过记录此派的学说，而且其中有许多伪作、不足凭信的部分，所以老夫也不代表这派的始祖，也不代表这派的某个学徒，只代表他们的团体——学派——说话罢了。

哲学其一　本学派的哲学把戏是由一个根本原理要出来的，这一个根本原理是什么呢？就是“数”。你们看着！这个“数”，可以要出很神妙、很调和、很美的一个音曲的宇宙来。什么缘故呢？本学派的学徒们，大家研究数的问题，发现了数为一切事物的原型。看着那火有“四面体”之形，地有“立方体”之形，气有“八面体”之形，水有“二十面体”之形，以太有“十二面体”之形，就推想那“无限的空间”所以有“有限的物体”的缘故，都是起于数的方式。总而言之，“空间的形”不外由“数的方式”成的。数的性质属于有限，亦同时无限。所谓有限，就是数之限定有确指多少的性质；所谓无限，就是数之系列有无穷的连续性。数是万有的模型，所以宇宙万有的存在也是属于有限，同时属于无限。所谓有限，如水、火等皆有定体；所谓无限，就是存在的空间无限。因此，本学派哲学上的根本假设是：“数是万有存在的根本原理。”

其二　不光是有限无限的对立，还有奇偶的对立。你看无论是什么数，都有奇数、偶数二种，所以万有都是从此有限、无限，即奇数、偶数的对立而成的。此奇偶的对立贯通宇宙万有，本学派假定十种的对立，以说明世界若干的对立。

(1)定限与不定限,

(2)奇数与偶数,

(3)一与多,

(4)左与右,

(5)雌与雄,

(6)静与动,

(7)直与曲,

(8)明与暗,

(9)善与恶,

(10)方形与长方形。

因此种种的对立,本学派的宇宙哲学叫作二元的宇宙论。

其三　本学派的学徒们虽然说数和世界上的一切都是反对着的存在,然而实在是联合成一调和的。因为反对的两原理,是与备具奇数偶数有限无限的性质的数结合在一块,所以全体的宇宙是一切对立的调和,这叫作数的调和。

其四　本学派所讲的数的根本只是"一"。"一"是数之本,这"一"与占空间的个个点没有分别。因为无论什么数,都是从一成的,无论什么物体,都是由点积成的,所以说"一"与"点"是同样的。

其五　本学派的学徒们特别置重从一至十之数,当中以一、二、三、四为最贵,以为此四数相合,则成完全之数。诸形体即由一、二、三、四之数而成——点为一、线为二、平面为三、立体为四。怎么说呢?因为点是不可分的单一,线是被限于两点而成的,三个点之线就围成平面;四个点之平面(三角面)就围成立体。所以合一、二、三、四就成了完全的数,合点、线、面、体就生出诸形体。

其六 本学派演世界的构造,先在太初的时代悬着一个太一,太一的周围是"无定限"围绕着的,太一在"无定限"当中运动起来,渐次扩张范围,随所到的地方,附与一定的形式,因此就形成万有。换句话说,世界的外围是无定限的虚空,其中央就是"太一","太一"一动,就在虚空中附与定形,世界万物就因此排列出来。

其七 "太一"为世界的中心,那里有燃烧着的"中央火"。宇宙成一个球形,"中央火"为球形的重心,以保持它的形态。中央火的周围自西转东有十个天体:

(1)恒星世界,

(2~6)五大行星,

(7)日,

(8)月,

(9)地球,

(10)地屏。

除恒星常住不动外,地、日、月与五大行星都围绕着中央火运行。回转中央火一周,地要一日,月要一月,太阳要一年。凡物体飞行空中很快的时节,我们可以听着声音;天体运行,也是同样的道理发音出来。诸天体与中央火的距离有远近,所以运行的速力有大小,因此发出来的音也不一样,又以运行的天体有八,恰合于八个音阶,所以天体的运行成了"八音克谐"的一组音曲,这叫作"天球的音曲"。却是我们何以不听着呢?因为其音没有一刻儿停止,我们自从生下来就不绝地闻惯了,所以大家都不觉。由此看来，数的宇宙真是一个很神秘、很调和、很美的“八音克谐”的宇宙！

其八　本学派对于灵魂的观念，以为当其在肉体的时节，不过为知觉的工具；等到脱离肉体往于天界，无形骸的系累，享至福的生涯，但是以在现世有善行为而且能自己享乐的人为限。否则或是回轮于俗世的生活再受束缚，或是堕落于阴府受一切的苦刑。

终演　老夫今天代表毕达哥拉斯学派演唱哲学戏，因为本派的法门不是由一二人的手变出来的，乃是由许多各个独立部分辏合拢来的，所以有些手法要得不连贯，但是总括起来，本学派的根本假设有下之五个：

(1)宇宙存在的根本是数，

(2)数有奇偶二种，

(3)数之根本是“一”，

(4)“一”等于占空间之“点”，

(5)空间是“无定限”的。

明白这五个假设，方才听得懂本学派的学徒们合奏的“天球之音曲”。老夫的留言机片已演完了，就此告辞！

听后的回顾　朋友们！刚才听了毕达哥拉斯学派的数之哲学，你们觉得有趣么？我也觉得特别地有趣！但是其中有很重要的几点不可不注意的：

(1)此派之所谓数，不是前几日听过的“一元论者”所演的宇宙的本质，也不是前几日听过的“多元论者”所演的元素种子，也不是仅如像我们在科学的计算中用的抽象的数。就他们自己解释的“空间的形由数的方式成的”，“数为一切事物的原型”，“万有都是从数的奇偶的对立而成的”意义看起来,好像他们所说的数是专拿来解释“万有之由来的原动力”,与恩培多克勒的爱与憎很有些相像,不是拿来说明“宇宙的本体”。换句话说,他们的数论不是“宇宙的本体论”,而是“宇宙的法相论”——即“万物的模型论”,所以他们的学说的影响已略示后来柏拉图的观念说与亚里士多德的法相与物质的相互关系说的端倪。

(2)他们对于宇宙的本体——万象的原物——不曾明白地如“一元论者”指水、指火、指空气,又不曾明显地如“多元论者”指元素、指种子来说明,他们似乎只注重在明万物的法相——模型,不管万物的本体——原物。他们虽然说过“数的方式附于空间的形”,好像是说空间供给万物的材料,数供给万物的模型似的,却也不能说他们所讲的“无限的空间”就等于恩培多克勒所讲的元素。何以说呢?他们明明将有限的元素与无限的空间对起来说,认元素为固体。所以说火是四边锥体,地是立方体,气是八面体,水是二十面体,以太是十二面体。由此看来,他们虽然对于本体没有明了地说明,却暗中承认了多元论者所讲的元素。

(3)他们说“一等于占空间之一位置之点”,又说“合点、线、面、体而成诸形体”,明明认物体之成由于数多相集。由此可见,他们的多元的见解与恩培多克勒、阿那克萨哥拉等相同,但是他们对于存在空间的个个点,认为不可分割的单元,这又是他们的特见,与恩培多克勒、阿那克萨哥拉不同的地方。他们对于宇宙的本体——万象的原物,大约就指占空间之位置的个个点——无数的单元。

(4)他们的天体说当中极有价值的有二点:就是“地动说”与“地非中心说”。此说直经若干年代后至哥白尼(Copernicus,1473—1543)出,始认为真理。可见毕达哥拉斯学派为哥白尼的地动说之先祖。

我们将这七日内所听过的宇宙哲学戏合看,见着自泰勒斯开始的一元论,到了埃利亚学派走于极端的时节就引出了多元论。在恩培多克勒与阿那克萨哥拉一派有两个共通点:主张可以分割的元素或种子,否认虚空的存在。在毕达哥拉斯一派又另辟一门径,主张不可分割的单元及承认虚空的存在。此外还有一派叫作原子论派:创造者是留基伯(Leucippus),完成者是德谟克利特(Democritus)。听说他们的把戏组织得很有秩序,而且是集多元论的大成。明天在阿布德拉舞台开演。我们且将毕达哥拉斯学派的要点上了日记簿,明天一同去听吧!

<table>
<tr><th colspan="3">毕达哥拉斯学派的宇宙哲学戏</th></tr>
<tr><td>宇宙的本体</td><td>万物之由来</td><td rowspan="2">多元论
数的二元论</td></tr>
<tr><td>无数的单元
(即占空间之点)</td><td>数之奇偶相对立
空间之无限</td></tr>
</table>

第八日
听原子论者的哲学戏

朋友们！我们今天要到阿布德拉舞台去听原子论者(Atomist)的哲学戏,我们不可不回顾恩培多克勒与阿那克萨哥拉要的多元论的破绽——难点,就是他们要的元素或种子都可以无穷地分割,各部分都可以完全融合,而且可以运动;但是他们的戏场都被元素或种子的混合充满了,没有一点儿虚空。我们想想,譬如一个瓶子装满了一瓶小豆,里面一点空隙的地方也没有,任你如何摇动它,那豆子怎样能够运动呢？这是第一个难解之点。他们又说元素或种子无论如何分离结合,本来的性质不会变的,常常保持着的;但是又说可以完全融合。我们又想想,在那完全融合的状态里,那各元素、各种子的性质岂不是失去掉了吗？这是第二个难解之点。

我们又回顾昨日毕达哥拉斯学派所演的在无限的空间由存在空间的个个点——不可分割的单元——相集而成物体,正与恩培多克勒、阿那克萨哥拉所演的不同。以上那两个难点自然没有,但是毕达哥拉斯学派的门徒们辏合的要法不很贯串,并且不甚明了。听说原子论的名角留基伯与德谟克利特就是以无限的虚空同着不可分割的单元要得整然有秩,的确好看。因为这派的开祖留基伯在阿布德拉(Abdera)开创的,所以今天特在阿夫季拉舞台开演。

第一幕　留基伯

表白　老夫留基伯(Leucippus),自家的生死年月记得不清楚,大概是与恩培多克勒、阿那克萨哥拉同时代的人氏。自家的生地也记不确了,好像是生在埃利亚,又好像是生在米利都,这些都不关紧要,二千四百几十岁的人,哪里记得这些小事?只是老夫当年见着我们希腊一般学者,自从泰勒斯以来,以至阿那克萨哥拉、毕达哥拉斯,大家研究学问的主眼都是以客观的天地万物为对象,始终不离一个物理的说明的立脚点。眼光倒也不错,老夫是很赞同的,但是他们虽然不外物理的思索,却不能说他们是纯然的唯物论。老夫觉得物界的说明非再进一步,纯然立在唯物的基础上不可,所以在希腊北部色雷斯境内阿布德拉创立了一个学派(即原子论说),宣传老夫的学说。今天可惜老夫也记不详细了,只得说一个概要。

哲学开演　老夫的哲学把戏拿什么东西来耍呢?你们可知道埃利亚学派不是有一个周围八方广阔相等的球吗?他们的那个球,叫作无始无终、不生不灭、不可分割、唯一不二、平等无差、不变不动、充塞空间的“有”。老夫抱着他们的这个球,往老夫的“无限的空间”向上一抛,落下来便打得粉碎,变成了无数不可分的单元的原子。这么多的原子,虽然性质上没有什么差别,却是形状上都不相同的,所以它们在这无限的空间起了运动,或时组合,或时离散,就生出了形形色色的万物来。你们看世界上千奇百怪的东西,哪一样不是由原子配合成的呢?西施的美貌、嫫母的丑容,性质上哪里有什么区别?不过由于原子配合的形状不同罢了!所以老夫的哲学上的根本观念只是下列的:

(1)无限的空间;

(2)无数的原子独立地运动——万物之生灭即由原子离合;

(3)原子的性质虽同,形状各异。

终演　老夫留基伯虽然在这第一时代——物理哲学时代——之末开始将埃利亚学派要的球——“有”——打得粉碎,变成了无数的原子,享有原子论的始祖的虚名;但是将这无数的原子组合起来,完成一个有系统的大规模的新宇宙,那是老夫的后学德谟克利特在第三时代——组织哲学时代——成就的功能。你们要想完全地看着原子的宇宙,须得看德谟克利特怎样地要。老夫就此告辞了!

第二幕　德谟克利特

暂时停演　到第三期演组织哲学的时代,与柏拉图、亚里士多德准定一同出台。

听后的回顾　朋友们!我们看自从泰勒斯以来的一元论,到了埃利亚学派走一极端的时节,多元论遂从恩培多克勒开始;到了德谟克利特,又是多元论达于顶点的时节了。何以呢?他说的原子是无数的,而且是机械地在空间运动。又因原子配合的形状不同,所以产生出不齐的万有,这纯然是机械的唯物论,为近世唯物的原子论最古之模范。由此看来,可知希腊哲学从此又要别开新生面了。后来开出的新生面如何呢?一方是顺着唯物论的倾向,科学的研究逐渐发达;一方是掉向人事的研究,着眼在道德与知识的问题。所以留基伯的时代算是宇宙哲学时代的末期,当此末期思想界的新潮流将涌出之时,还有一些旧思想的祖述派,如麦里梭(Melissus),祖述埃利亚学派要的"有",杂入阿那克西曼德要的"无限",以成一家言。又如第欧根尼(Diogenes),祖述阿那克西美尼要的空气,杂入阿那克萨哥拉的灵智以自成一说;但是都是"强弩之末",没有新花样可看。我们且将今日所听留基伯的这一幕的要点记上日记簿,再说吧!

<table>
<tr><th colspan="5">留基伯的宇宙哲学戏</th></tr>
<tr><td colspan="3">宇宙的本体</td><td rowspan="2">万物之由来</td><td rowspan="3">原子论</td></tr>
<tr><td>数</td><td>体</td><td>性</td></tr>
<tr><td>无数</td><td>原子</td><td>不变</td><td>原子运动配合</td></tr>
</table>

游终日
宇宙哲学思想的总研究

朋友们！我们这第一次的古代希腊旅行算是已经终了。一连听了八日的哲学戏，搜集他们的脑筋里的古董也算不少了。我们何妨趁这游终休息的时候，把所得的古董统统拿出来，总合地研究一番，然后准备还家呢？一则使我们的记忆上有一个系统；二则归到家里，也有一个旅行的成绩报告，岂不是一举两得么？不错！综合的研究很要紧，但是我们从何下手呢？我想。

第一　先回顾他们为什么在这时代要产生宇宙哲学的思想？我们在旅行的出发日不是曾经研究过他们的地理的大概、历史的大略，同着社会的情形么？他们的民族本来具有很优越的想象力，居处在那山川明媚、交通便利的岛国，有那征服自然、担天负地的英雄传说；同着仔细、鲜明、优美、快活的神话，当着那内忧外患纷至迭来、旧思想已经摇动之时，又感着那新宗教的危机，所以他们有的努力于政治上、社会上的新运动，有的埋头于思想上、知识上的新建设；他们同时惊异那自然界、人事界的变化莫测，又因为往来航海感触着天文、地理种种问题的兴趣，所以他们要追求那恒常不变的道理,遂倾向到宇宙本原的研究。

第二 总看他们的思想的源流,从米利都学派的始祖泰勒斯起,利用实际的经验与观察去解释“万物不变的本体是什么? 以及怎样地变出千状万态的东西”。阿那克西曼德超越实际的经验,用“无限”(the unlimited)来说明,是从事实研究进到“概念的思考”之始。埃利亚学派的开祖色诺芬尼也从概念上研究宇宙统一的本体,以求宗教上崇拜的对象。赫拉克利特打破不变的本体设定,仅以“变化的法则”为知识的究竟的内容。埃利亚学派巴门尼德受色诺芬尼一部分思想的影响,确立“不变不动的实有概念”,他的门徒芝诺极力地拥护他的学说。至恩培多克勒、阿那克萨哥拉及原子论的创造者留基伯,遂调和赫拉克利特与埃利亚学派的反对概念,而立“不变是多元的本体,变是多元的离合”的说法。各学派各学者虽有地理上的隔绝,但就他们的学说看来,思想相互的关系是很亲密的。只有毕达哥拉斯学派似乎很有独特的色彩。因为他们的学说虽然也像是调和赫拉克利特与埃利亚学派的两极端而成的,但是他们的数论是一个很新、很特别的方面,而且他们的宇宙论有审美的、论理的动机。这样看来,在这第一期的希腊哲学的总源头,虽然是在客观的宇宙的本体,但是当中分出东、西、调和三个大流,一个调和副流,东西流之间还有一个连锁。

东流 是从泰勒斯始至赫拉克利特的一元论。

西流 是埃利亚学派的极端一元论(东西流之间的连锁是色诺芬尼的学说)

调和流 是从恩培多克勒起至原子论者的多元论。

调和副流 是毕达哥拉斯学派的数论。

用下图将它明白地表出：

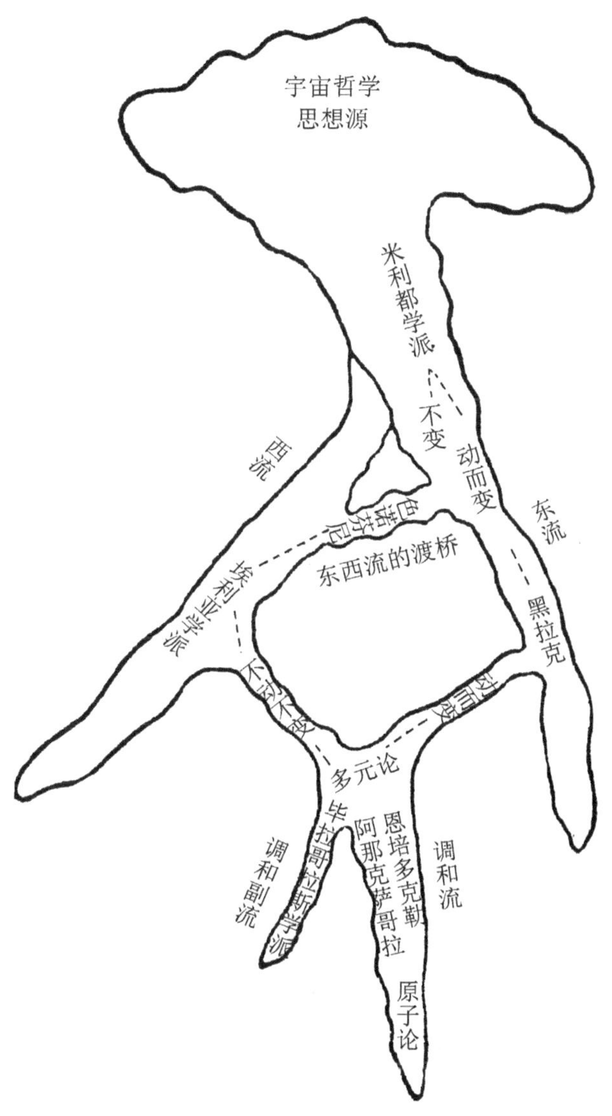

注意　米利都学派的宇宙本体的概念，当中包括有矛盾的两个概

念，即

本体{不变的自体
动而变的活力

既说了本体有不变的自体，又说本体有运动的活力，拿来解释千变万化的万物的生命，岂不是同一的概念当中含“动而变”与“不变”两个对立的概念吗？赫拉克利特的学说专取动而变的一个概念，极端地说明宇宙的本体及现象都是活动变化的。色诺芬尼专取不变的一个概念来说明宇宙全体是不变不动的。埃利亚学派更进一步扩张色诺芬尼的意义，说宇宙全体及部分都是不变不动的。多元论者调和赫拉克利特与埃利亚学派两极端说，说宇宙的原物有多种，自体自性虽不变，形状位置却是运动变化的。毕达哥拉斯学派用数的关系来说明运动变化的秩序。

第三　将他们所发的宇宙哲学思想中最重要的概念分类出来做一个综合的、比较的研究。他们的思想中最重要的概念可分三类，如下：

(1)实有的概念。

(2)化成的概念。

(3)认识的概念。

(1)实有的概念　宇宙万物不停地变化流转，莫说多感的伊奥尼亚人，就是有点麻木性的也不得不发生惊异之念。惊异的结果，遂发生宇宙的本体——不变的实有——的问题。解释此问题：

泰勒斯据直接经验的事实，以水为不变的实有。他为什么特别选着水呢？他以为水这样东西，一方有不变的自体，一方有内在的活性，为一切的生命。因此这一派的学说叫作一元的物活说。

阿那克西曼德反对泰勒斯具体的概念的“水”，提出抽象的概念的“无限”。他以为宇宙的本体于时间无始终，于空间无定限，不是我们可得知觉的物质，乃是超越经验的实有。他的无限的意义，除开无定形、无定限的实有而外，还有神的性质。拿说明宇宙的最高概念来看作神，以满足宗教的意识，要算他开始（这是从希腊神话的开辟记中的“空想及论理”的意义变化出来的一神论的哲学的神观）。

阿那克西美尼用空气来替代泰勒斯的水，根本上的见解没有什么区别。不过他以为空气具有的特别性为水所没有的，就是“无限性”。由此看来，他的空气是渗入阿那克西曼德的“无限”到泰勒斯的水中造成的。

色诺芬尼更明显地执着一神论的哲学的神观，倡导宇宙的本体就是“神”，拿去攻击庸俗的信仰。他所说的神，就是全宇宙。他的见解不是为讨究宇宙的实有而发的，乃是为追求宗教的崇拜之对象而发的。他所说的神没有“无限”的性质，是一个自足圆满的球形，所以他的宇宙的实有是不动的，与米利都学派见为不断的运动的实有不同。

赫拉克利特的实有的概念是“火”，形式上好像与泰勒斯的水、阿那克西美尼的气相类似的，其实不然。因为赫拉克利特以为宇宙并没有不变的实有。实有只是变化，只是运动，所以他的火的意义，与其说是实有——本体——的概念，不如说是“化成”的概念。不过他要说明现此化成可以感觉的对象，所以姑且说火是宇宙的本体。他的化成的说法当中有一定的秩序、理法，所以他的思想的中心可说是秩序的概念。

巴门尼德、芝诺反对赫拉克利特的主张，承受色诺芬尼之说，变更宗教上的看眼，专从论理的立脚地力说“实有”的概念。他们所说的实有就是“有”,就是充实空间的实。他们反对非有,反对虚空的存在。在此意义的下面,宇宙无杂多、无变化,只是一个囫囵不分的太一,所以叫作无宇宙论(Akosmismus)。

恩培多克勒开始主张宇宙的实有为多元,调和埃利亚学派与赫拉克利特的两极端反对的实有。就是一方承认埃利亚学派性质不变之说,一方承认赫拉克利特的场所变化(即运动)之说,新立多元的实有的概念,以地、水、火、气四元素为不变的实有,以此实有的运动离合而化生万物。四元素运动的原因,假定有力素或运动素的存在,认为在四元素的外部有爱憎的二动力。

阿那克萨哥拉的实有概念中的东西为无数的种子,较恩培多克勒的四元素容易说明万物的由来。因为恩培多克勒的元素为数只有四种,而且性质又是单纯的;阿那克萨哥拉的种子为数无限,而且性质又是千差万别的。至于种子运动的原因,恩培多克勒以为是爱憎的运动素,阿那克萨哥拉以为是灵智的精神素。这是以目的论说明自然的滥觞(即以种子的活动,是从精神素的目的)。

留基伯以无数的原子为宇宙的实有,原子的性质没有差别,只是形状、位置、大小不一样,在无限的空间独立地运动,因此配合出万物来。这一派的学说叫作原子论,为近世机械的唯物论最古的先导。

毕达哥拉斯学派以“数”解释宇宙的实有,我们先就数的概念比较经验的事物有永常不变的性质一点看来,毕达哥拉斯学派的实有有埃利亚学派的实有的性质。再就数的规则正确的关系来说,也有赫拉克利特的秩序的概念的意义。又比米利都学派的抽象,比埃利亚学派的直观,比赫拉克利特的明了,比原子论的深晦。要而言之,这派思想的中心不在宇宙物质的本体,而在形成宇宙的数的秩序,这是此派的特色。

(2)化成的概念　化成的概念与实用的概念有相互密切的关系,因为实有的思想起于变化的事实,实有的疑问既已解释,自然要继起化成的问题。

泰勒斯的"化成的概念",只知他以为万物之生由于水的活力,至于如何的顺次方法,今已无可考见。但是,就米利都学派说明个个事物的变化,都不外主张由于宇宙原质——实有——的浓密化与稀薄化。因此,可以想见泰勒斯的水如何地化成万物(后来有人说,泰勒斯的水稀薄化的时节则为气为火,浓密化的时节则为地为石)。

阿那克西美尼于浓密化与稀薄化的概念外又明明地增加温度的概念,以说明从宇宙的原质如何地发展宇宙的现状,其结果以地球为宇宙的中心。

阿那克西曼德以宇宙原质里面所含的反对性来说明宇宙发展的过程,以为因反对而分离出来的东西也不外是寒暖干湿之气。由此,万物的化成与泰勒斯、阿那克西美尼所主张的结局是一致的。但是,他的化成概念当中含有论理的必然性(反对失中正的时节要受罚与赔偿),即是以自然的秩序看作伦理的秩序,于此点为赫拉克利特的先驱。

色诺芬尼的实有概念是全宇宙,是神,所以他的化成概念与实有概念是脱离的,所以在他的实有概念中看不出化成的所以然。但是,他说一切天象是从有光辉的云——燃烧着的蒸发气——结成的。可见,他虽说全体不变不动,却是承认部分是变而动的。由此可见他的化成概念与米利都学派有相似之点。

赫拉克利特的化成概念就是"反对运动"的秩序。由火化万物称为上道,由万物化火称为下道,其变化有严正的法则。他对于正邪善恶的见解都运用这反对的秩序来说明,这与阿那克西曼德的论理的必然性的学说有相同之点。

埃利亚学派的实有是极端的一元论,否认虚空,否认杂多,否认运动,所以此派的学说不能说明个物的化成。换句话说,埃利亚学派的宇宙论,除了自体本然而外,别无化成的概念。

恩培多克勒的化成概念中含有四要素:①本体可得无限的分割,②一物的微分子可以流入它物,③否认虚空的存在,④爱与憎的运动素。

阿那克萨哥拉的化成概念与恩培多克勒的大致相同。不同之点,只在阿那克萨哥拉的运动素是一种称为灵智的精神素,精神素的动力有目的的,有思虑的,所以阿那克萨哥拉的化成概念是以秩序调和美为目的的运动。

留基伯以各原子自体具有的运动力生种种的集团,从一定的机械的必然性组合万物,为近世关于宇宙生成的思想——物质运动机械的说明——的先导。他的化成概念与恩培多克勒、阿那克萨哥拉还有不同之点,他承认虚空的存在。

毕达哥拉斯学派,他们看现实的世界是数学的形式的摹写,所以他们的化成概念不外是数的限定与数的系列。他们说恒星的天体有庄严的规则的运动,所以是完全的世界。“月下”的世界,其形体及运动都是变动无极的,所以不完全。因此,他们的化成概念中寓有价值的概念。

(3)认识的概念　宇宙论的学者,他们因为惊异万物的流转,同着不满足通俗的知识,因而起了哲学的思索的活动,集中在宇宙本体的问题。研究此问题的时节,有主观、客观两个相对的概念:客观的是研究的

对象,即外在的宇宙;主观的是研究的主体,即内在的认识。考究他们的认识的概念,分为三点:

(a)认识的工具,

(b)认识的起源,

(c)认识的作用。

a.认识的工具　他们的认识真理的工具都不外是基于反省的"思维",但是对于思维的性质,略有明了的说明的自巴门尼德始。他将感觉与理性明白地区分出来,以感官所见着的都是迷妄,理性见着的方是真理。芝诺更进一步,以论理的合法性,即以矛盾律为根据,定思维的积极的性质。毕达哥拉斯学派的数学的思想也是给思维以积极的定义。

b.认识的起源　他们对于个人精神的起源,不外拿宇宙的动力来解释:泰勒斯的水、阿那克西美尼的气、赫拉克利特的火、巴门尼德的"假说的物理论"中的火,皆是万物的生命所从出,即人类的聪明所由起。至于恩培多克勒的爱憎、阿那克萨哥拉的灵智,更明明地视精神与动力同一。总而言之,他们视个人的精神为宇宙动力的一部分,他们所说的动力,都是充满全宇宙的,所以他们的认识的意义有一般的性质。换句话说,真的知识是万人共通的。

c.认识的作用　在心理学的立脚地来观察,他们对于认识的作用的见解不外是很粗浅的感觉论。当中最明了的主张,如巴门尼德所说:"我们知觉外物的缘故,不外由于组织身体的明暗二元;明是见外界的明质,暗是见外界的暗质,各各知觉同质之物。"恩培多克勒的学说也与巴门尼德的相类,所以他有"以地见地,以水见水,以火见火,以爱见爱,以憎见憎"的话,并且他以为智力的特在处是血液。因为血液包含诸元素，所以能应接外物。阿那克萨哥拉的感觉论以为发生于异类的刺激，所以他说“以甘感苦，以冷感热”。合起看来，他们对于认识的心理作用，也看为与生育的生理作用一般。

朋友们！我们已经将这一次旅行所得到的哲学思想综合地研究过了，大家准备归家去吧！慢着！我们的休假期间还多着哩！听说这故乡里接着又要演第二期的哲学戏哩！我们归去横竖闲着没事，何妨在此停留，多获得些儿思想的古董，岂不偿算吗？这第二期的主要戏目又掉换了一个新方面，不但演得越发进步有趣，而且于人生实际很有重大的影响，真是值得往下一看！不错！我们第二次的旅行就此继续起吧！

第一次旅行终

第二次 旅行古代希腊

Diyici Luxing Gudaixila

准备日
研究第二期希腊社会情形

青年朋友们！我们在第一次的出发日研究希腊社会当日的情形，知道了他们内政的纷争，外患的逼迫，同着新宗教的危机的三点。到了第二期的希腊情形，就翻然一新，因为宗教的危机在第一期中已被那些宇宙论的哲学者扫开乌云不成问题了。外患的逼迫——大敌波斯——在第一次的末期（纪元前 480 年），经萨拉米斯（Salamis）、普拉提亚（Platea）的两战，希腊大破波斯的海陆军，而希人的气概到了第二期自然要发扬踔厉的了。内政的纷争至波斯战争后，各市府有数十年的和平，从事于种种改革，伯里克利（Pericles）执雅典的政柄，大大地发展他的经纶，将雅典置于政治及文化的中心。当时还有一般哲人（Sophists）努力于普及知识的运动，以极通俗的方法传布学理的思想，所以第二期的社会情形有当注意的五点：

（1）波希战争的因果　波希战争为希腊第二期的思想激发的一大关键，所以他们的战争的因果，我们不可不研究一个大概。在纪元前 548 年，伊奥尼亚诸城皆为波斯所灭，伊奥尼亚人的天性，原来酷好自由，诸城又皆行民主制度，等到亡于波斯的手，才更易僭主，改革旧风，强从波俗；并且隔绝东方的道路，不使通商；遇有战事，又驱使诸城的人以作牛马，横征暴敛，无所不用其极；诸城的人含恨刺骨，有机则发，自是意中的事。到前522年，波王大流士一世（Darius I）即位，常出远征，诸城乘间翻树反旗，雅典出兵援助，波人大怒，遂举兵大征希腊，尤决意在灭雅典。马拉松（Marathon）为雅典的要地，距城不过二日的路程，波军屯于马拉松者十万。雅典见波斯军至，仓皇备战，遣国中善走者，星夜乞援于斯巴达。斯巴达的风俗，非到月圆不出兵，他国惧怕波斯的强，也不敢来应援。雅典只集得城中壮丁九千人，同着普拉提亚（Plataea）的援兵一千，相合只万人，乘波军不备，奋死而攻。波军仓皇战败，死者无数，僵尸蔽野，而雅典所丧，不过二百人。及波军复振，那斯巴达的救援又已经到了。故此一役，雅典仅以一万壮丁击败波斯十万之众，你看希人凯旋之气何如！大流士死后，其子泽克西斯继承父志，目将精兵誓灭雅典，到纪元前480年，萨拉米斯（Salamis）之战，翌年普拉提亚（Platea）之战，雅典之危，同是千钧一发，最后算是雅典以一当十，打得波军大败，狼狈而归；伊奥尼亚诸城，光复自立；波希战争，遂告结局；而影响于希人的英迈之气，不可计量了。试以当时的大文学家索福克勒斯（Sophocles）的一段话看来，可以想见一斑。

Of all strong things none is more wonderfully strong than man. He can cross the wintry sea, and year by year compels with his plough the unwearied strength of Earth, the oldest of Immortal Gods.

一切强健的东西都比不上人，他能够经过寒冽的海，同着年年运用他的犁,开出不尽的地力——那永长不朽的真宰。

He siezes for his prey the airy birds and teaming fishes, and with his wit has tamed the montainranging beasts, the long maned horses and the tireless bull.

高飞的鸟,连游的鱼,他取来做食品;还要用他的智慧去驯服那山巅的兽,长鬣的马,至强的牛。

Language is his and wind-swift thought and city-founding mind, and he has learned to shelter himself from cold and piercing rain; and his devices to meet every ill, but death alone

他有语言,有敏速如风的思想,坚固如城的意志;又知道御寒避雨,并且一切疾苦,除开死外,都有方法去应付。

Even for desperate sickness he has a cure, with his boundless skill he moves on, sometimes to evil, and again to good!

纵然遇着绝望的病症,他也有法可治。本着无限的才艺勇往直前,有时陷于过错,有时又转于至善。

(2)雅典的政治 雅典政治的沿革,由王政而贵族,由贵族而暴主,由暴主而共和,从纪元前 509 年克里斯提尼(Clisthenes)更定梭伦(Solon)四级制度实行全民政治以来,平民之权日以伸张,雅典之光亦随而增大(梭伦创制,以田地之多寡分人民为四级:岁入金五百以上者为一极,得为大官;三百以上者为二级,得为骑兵;二百以上者为三级,得为步兵;不足二百者为四级。至克里斯提尼始更定国宪,变梭伦四级之制,举凡国民,一视同仁,即外国侨民,或新释奴隶,只要居在雅典的领域,皆得享市民权;人无贵贱,皆得为官)。及波希战后,重建雅典城,城中屋宇焕然一新;加以大政治家伯里克利(Pericles)当国,政治益图改良,取消贵族议院,以平民议院代之,所有公民无一不直接参与政治。开埠通商,振兴文艺,伯氏尤为注重;以致政治日新,经济日富,文化大昌,人才辈出,著名的历史家有希罗多德(Herocdotus)、雕刻家有菲狄亚斯(Phidias)、绘画家有波里克勒特(Polyclitus)、戏曲家有欧里庇得斯(Euripides)、论文家有埃斯库罗斯(Aeschylus)与索福克勒斯(Sophocles),济济多士,不胜枚举。

(3)哲人运动(sophistic movement) 希腊战胜波斯后,一般人英气勃发,加以政治上的开放,人人可得参与公务,当此时节,依靠斗争的势力,万不足以成功,非有真正的学识才能,不能在政治上占优越的地位;而且平民政治,以舆论为基础,欲得国民的赞许,必先以演说或文章发表自己的见解,以博民众的同情;加以诉讼对质,依法断定,必须亲自出席,当庭抗辩,所以关于政治、法律、雄辩、修辞等学,为很急切的需要。在希腊当时一般的市府大概如此。雅典为当时政治的中心,使节往来络绎不绝,执政的人更非有充分的教育,不足以应对折冲。旧知识与新环境既不适合,新教育的运动当然要应运而生的了。一般哲人即应此要求,巡游各地,以通俗的方法授人各种知识技能,于是在第一时期的希腊以物界的问题为学问的对象,到第二期转过方向,到人事的问题,即社会问题来了;又研究学术的人,前一期只限于少数的学者,到此一期,也普遍到市场来了,史家称希腊“启蒙时代”就是指这一时期。在这一时期当中,哲人的关系非常重要,因为他们是直接引起希腊文化变动的人,普及文化于一般社会的中坚,但是有许多人往往称他们为雄辩派,加他们以败坏青年的道德的罪名。是什么缘故呢？第一因为他们反对习俗，以自由的精神攻击往昔视为天经地义的信仰，大为守旧者所不容；第二因为雄辩术本来不过是发表思想的工具，善用它，固然足以阐发真理，若不善用，使流于摇唇鼓舌，淆断是非，哲人末流大都不免此弊；第三因为哲人初起意在普及知识，后来以此为业，以金钱的多寡为施教的标准，所以哲人（sophists）的意义，当初不过指有智慧的人而言，后来便指老师而言，最后专是指得束脩的老师了。

（4）一般思想家的态度　在希腊启蒙时代，思想界最堪注意的，有一个特征：就是“批评的态度”（critical attitude）。对于往昔的宗教、道德、法律、习惯等，无不自由地批评。对于宗教，如克里提亚（Critias）说：“神是由狡猾的政客选出的”；对于法律，从前以为神怪的，而今以为人造的；从前以为法律的背后的权威是上帝，而今以为是社会。这种批评的态度起于五世纪前半的自由市府的感德，即是自由国中自由人的思想。到了五世纪之末波希战争后，希人越发有了一种很明了的自觉，所以对于遗传的制裁和当时的法律都怀疑起来。一切社会组织，从遗传的权威移到个人的理智。

据以上所述的希腊第二时期的社会情形看来，我们可以知道，在这一时期当中，希腊的哲学思想有下之五个特征：

（a）偏重人事问题，不像第一期偏重物界问题。

（b）注重通俗的宣传，不像第一期只重学者的研究。

（c）对于现代的实生活大胆地批评，不像第一期偏重在自然界的纯知的探讨。

（d）对于真理的观念大都认为有相对性，不像第一期多半认为是绝对性。

(e)思想的中心在希腊母地雅典,不像第一期以殖民地为中心。

以上五个特征,不外是两个原因的结果:①是外部光荣的凯旋,②是内部光明的政治。我们知道了这一类的社会情形,同时见着了他们思想的背景,由此从正面去看他们的哲学把戏,不怕不能得着线索了。我们还要研究

(5)有名的哲人 他们是那时代的通俗文化的宣传者;他们是那时代的平民的良导师;他们是那时代的希腊魂的代表;他们的名单开出来是很长的,但是他们多半不是专门的哲学家,不过对于哲学的问题,特别对于社会问题,很有兴味罢了。有的唱贵族的废止,如吕科弗隆(Lykophron);有的反对奴隶制度,如阿尔基达马(Alkidamas);有的主张财产与教育的平等,如法里亚斯(Phaleas);有的提议合理的理想国,如希波丹姆斯(Hippodamus)。当中创立新说、可算一位哲学家的,只有普罗泰戈拉(Protagoras),同着高尔吉亚(Gorgias)[其次希比亚(Hippias)与普罗迪科斯(Prodicus)]。除开以上说的哲人以外,还有两个重要的特别人物代表希腊这时期的哲人以外的两派思想,一是阿里斯托芬(Aristophanes),他是一个很富的贵族,与哲人运动立于反对的地位;二是苏格拉底(Socrates),他虽然承认哲人运动,但他自己不承认他是哲人,他的研究比那些哲人深博得多,而且有他自己的独特的见解。

据以上的第五项看起来,我们要想得着这第二时期的希腊哲学思想,不可不听下列四人的戏:

(Ⅰ)普罗泰戈拉(Protagoras),哲人的代表。

(Ⅱ)高尔吉亚(Gorgias),同上。

(Ⅲ)阿里斯托芬(Aristophanes),哲人的反对代表。

（Ⅳ）苏格拉底（Socrates），独立的哲人。

此外还有小苏格拉底派，就是苏氏的门徒们创立的，其重要的有下之三派：

（Ⅰ）麦加拉学派（Megaric School）

（Ⅱ）犬儒学派（Cynic Schcol）

（Ⅲ）昔兰尼学派（Cyrenaic School）

青年朋友们！我们对于这一期的情形大致已知道了，准备去听他们演的人事戏吧！听说都在雅典舞台演唱，明天就是哲人的泰斗普罗泰戈拉出台哩！

第一日
听普罗泰戈拉的哲学戏

我们今天到雅典去听第二时期的人事哲学戏，开始要遇着第一名的哲人普罗泰戈拉出台。我们想想他是拿着大人耍呢？抑是拿着小人耍呢？听说无论大人、小人，他都耍；但是耍的不是人的肉体，是人的精神——知识与道德。怎样耍法呢？我们且一同去看！

独幕　普罗泰戈拉

表白　老夫普罗泰戈拉(Protagoras，前480—前411)现年二千四百又四岁了！生长在愚蠢著名的阿布德拉(Abdera)地方，当初心里十分懊恼，后来想到"人杰地灵"，只要人不愚蠢，地方也会跟着聪明起来，哪有人跟着地方愚蠢的道理呢？因此立志向学，遍游各地，以广见闻。果然，"种瓜得瓜，种豆得豆"，所到之地，声名洋溢，受人欢迎，动辄千数。老夫游到雅典的时节，那赫赫有名的苏格拉底的门徒们，大家也传为"好消息"。老夫见着一般青年知识的饥荒，所以就在雅典下帷宣讲。

历时不多,那一般老守旧大惊小怪地说老夫侮慢神圣,向法庭诉讼,逐我出境。老夫打算逃往西西里岛,再作后图。不料人的把戏难要,天的把戏也无法可施,船至中流,竟遇难而死!

哲学其一　希腊自从战胜波斯以后,一般人的知识欲如火如沸似的炽热。老夫要救他们的知识热狂病,常常提着个葫芦,内中装着一件很神的东西,立在露天场里,应他们的要求。你们且莫问老夫的葫芦里卖的什么药,我且说一段故事你们听听,你们自会猜得着。中国社会里有一个传说,你们或许是都知道的:有位吕纯阳先生,他的道法非常,能够点石成金。有一日,他立在街前群众之中,开口向人问道:“你们需要什么?只管说来,我便给你们。”不消说,大家自然都要黄金啦!独有一位青年,偏与众不同,他不要黄金,只要吕纯阳的指头。因为现成的黄金用之可尽,有了点化的指头,何愁到处没有黄金呢?因此,吕先生就将他的道法,传给那位青年去了。老夫的葫芦里的药,与吕先生的手指差不多一样儿:因为各个事物的知识,也与黄金一样的有限;要想获得无限的知识,非找着知识的根本,纵然识得许多事物,也是有穷的时候。所以老夫应他们的知识的要求,不直接给知识予他们,只是指示他们自家所有的知识的根据。所以老夫的葫芦里装着的不是别的,只是一句话。有人来向老夫求知识,老夫便将这句话给予他。是一句什么话呢?就是“个人为万事万物的权衡”。(Man is the measure of all things.)这句话的里面有三个意思:

(1)知识是主观的　知识的唯一的来源,不外是各个人的感官知觉;因为一切知识,以各个人的眼之所见,耳之所闻,手之所触,鼻之所嗅,舌之所味为依据,所以说我们的知识,起于我们的知觉,而知觉这样东西，又不外是外物触于我们的五官当时的状态。再明白地说，我们身体外部上的一种运动来刺激我们的身体的一种器官，这器官便有一种反应的运动，结果便是知觉，这知觉的当时的状态便是知识。由此可以见着知识不是客观的，是主观的。怎么说呢？各个人有各个人的知觉的当时的状态：在甲的知觉状态之下，所见以为真的，在乙的知觉状态之下未必一样；在乙的知觉状态之下所见以为真的，在甲的知觉状态之下也未必相同。各有各的知觉，故各有各的真理，所以说知识是主观的。

(2)*知识是相对的*　前段说知识是主观的，是从各个人的感官知觉而有的，可见得除开外物影响于人的感官当时的状态之外，没有知识。然则知识这样东西，因人因时因地，不得不异的了。昨日之我以为真的，今日之我未必不以为伪；在甲社会以为是的，在乙社会未必不以为非。是非真伪，因时因地因人，原无一定，所以说知识没有绝对的，只有相对的。

(3)*知识是霎时的*　前一段曾经说过，知识是外物触于我们五官当时知觉的状态。当时不是永久的，是霎时的；过了当时，知觉的状态变迁，知识也跟着变迁，所以说只有知觉的现在的霎时是知识；除开现在的霎时，便没有真知识了。各人在他的知觉的霎时见着的真理，与别人的知觉的霎时见着的真理，未必相同；而且与他自己在其他的霎时所见着的真理，也未必相同的。所以有多少个人，便有多少真理；个人有多少霎时，便有多少真理。各个人在各霎时，都是真伪善恶美丑的计量。

就上述的意义看来，知识是霎时的、相对的、主观的，也可说是属人的，或人本的。所以说个人是万事万物的权衡。因此，一切法律道德、风俗、习惯的价值，都须得要挂在个人的天秤上去量一量。（最近英国席勒(Schiler)著《普罗泰戈拉,人本主义者》(*Protageras, the Humanist*)一书。)

其二 老夫同着聪明的青年谈论知识的根据,已经明白地指示了方药——知识不是别的,只是外物影响个人感官知觉霎时的状态。再进一层说,此种状态的捕得在个人意识最后的判断,此判断就是万事万物的权衡。其次看着他们对于知识要求的种类,大家都以伦理的政治生活的知识为要紧。老夫觉着个人就是他自身的法律,个人就是他自身的道德,所以法律道德没有绝对的基础可说,不过是人造出来的,或是多数人造出来制限少数人,或是少数人造出来奴隶多数人,都不过是人们自身的产物。人们的自身背后,没有什么权威存在。青年们或许要疑老夫的说法,个人就是他自身的法律,个人就是他自身的道德,岂不是人自为法,人自为德,没有公共的标准,那社会国家怎能够结合呢?其实这个疑问并没关系。老夫曾游历各地,见着法律、习惯、道德、宗教各地不同,但是他们的社会都能安然无事,因为万人有同等的正义与伦理的感情,这叫作本原的伦理的感情。他们就以此永久结合,保持生存。

终演 总而言之,老夫的葫芦里藏着的药品,

(一)是救济知识的病根的——"个人为万事万物的权衡。"

(二)是救济道德、法律等的病源的——"万人同等的本原的伦理的感情。"

听后的回顾 朋友们,刚才听了这位"首屈一指"的哲人普罗泰戈拉的哲学戏,你们觉着怎样呢?我觉得他主张的这种绝对的唯觉主义(Absolute Sensationalism),真算得个怀疑大家、破坏大家。怎么说是怀疑大家呢?他不相信有绝对的真理,他不相信有客观普遍的真理,他不

相信有永久不变的真理，所以他不相信历来传袭的道德、法律、风俗、习惯一切固定的机制。他对于样样事物都生怀疑，都要重新下一番估量，所以说他是怀疑大家。怎么说他是破坏大家呢？因为他的怀疑论，对于已成的道德、法律、风俗、习惯一切固定的机制，都要发生动摇，经过他所说的个人的权衡重新计量后，不对的便要破坏废弃，所以说他是破坏大家。他的主张虽然是主观的、个人的，却不是固执的、独断的，与宇宙论时期的独断主义不同，这一层不可不注意。因为他的知识论是霎时的，非永久不变的，而且是各个人有各个人的见地，不是唯我独尊的；他的道德论是基于人人同等的伦理的感情。我们且将他的哲学思想摘要表列于下：

<table>
<tr><th colspan="3">普罗泰戈拉的人事哲学思想</th></tr>
<tr><td>知识问题</td><td>外物影响于感官当时的状态（相对论）</td><td rowspan="3">绝对的唯觉主义</td></tr>
<tr><td>道德问题</td><td>人人同等的伦理的感情</td></tr>
<tr><td>法律问题</td><td>基于个人的自然性与道理论同</td></tr>
</table>

第二日
听高尔吉亚的哲学戏

这第二期的哲人当中，创立新说的，除开普罗泰戈拉，要算高尔吉亚。他的破坏的知识论比普罗泰戈拉的还厉害。普罗泰戈拉的说法谓一切都是相等的真，高尔吉亚却说一切都是相等的假，并且他借了埃利亚学派芝诺的“辩证法”来证明，煞是有趣！我们立刻去听他的戏吧！

独幕　高尔吉亚

表白　老夫高尔吉亚（Gorgias）生在西西里的一个市府，自家的生死年月也记不清楚了！只记得与普罗泰戈拉是同时代的人氏。可叹我们希腊兵连祸结，外部的战争，内部的相杀，弄得到处都无安静土！波斯的战事解决不久，斯巴达与雅典的争雄又在各备战力，彼此寻觅开端！本来斯巴达为多利安族之首，雅典为伊奥尼亚族之首，两族政治不同，生活互异，一则称雄于海，一则称霸于陆，虽有三十年弭兵的约束，早晚战端难免，不过等候机会罢了！果然，盟血未干，遂于纪元前432年开始伯罗奔尼撒之战(Peloponnesian)。老夫于427年逃来雅典府,就滞在此地传授学业。许多人都说老夫专好诡辩,其实老夫真是好辩么?诚有所不得已哪!

哲学开演 老夫的哲学把戏没有别的,只是一个虚无论(Nihilism)。虚无怎样能够要出把戏来呢?原来有三个道理:

(1)没有事物存在;

(2)纵然有,我们也是不能认识的;

(3)纵然认识,也是不能传与别人的。

(1)何以说没有事物存在呢? 据老夫论证,实在寻不出事物存在的根据来。假如我们硬说是存在,那么,存在的根据总不外二个:①“有”,②“非有”,但是这二个根据不但不能证明事物的存在,反足以证明事物的不存在。何以说呢?

先就第一个根据——“有”——来说,便发生两个问题:(a)“有”是有生的呢?还是无生的呢?(b)“有”是一呢?还是多呢?就(a)问题的解答:若说无生,那就无异乎说无始,无始就是无穷无限;无穷无限的东西须得有过存在处,它的存在处须得比它自己大方能够容纳得住;但是比无穷无限还大的存在处是没有的事。若说有生,将从无生呢?抑从有生呢?从无不能生有,理很明了;从有生有,也没有这个道理。何以说呢?有只是有,不变为他,可见有之为有,没有生灭。又就(b)问题的解答:若说有只一,那一就不可分;不可分就无大,无大就无物,无物就不能说存在。又若说有是多,多为一之集,一既没有,又怎能够有多?多与一均没有,如何能证明存在?

就次第二个根据——“非有”——来说,非有是无么?抑是有呢?

若说是无,本来无,自无所在;若说是有,有与非有同时俱存,是自相矛盾。

(2)何以说纵然有,我们也不能认识的呢?　存在的物同我们的思想是两样东西,不是一样。若说一样,那么我们的思想与实在应当完全相合,万不至有误谬了。但是我们的思想是有误谬的,可见思想与实在各是各的,是两样的。然则与物不一样的思想怎能够认识物呢?

(3)何以说纵认识,也不能传与别人的?　传与别人不能不假借言语等外部的符号,但是符号同认识的事物各是各的,不一样的,所以我传我的知识与别人,别人纵然会得我所用的符号,还是不能保证与我所欲传的意义相符合。因此,取我们知识一模样地移到别人的心里,终是不可能的事。

终演　老夫的哲学把戏与别人要的不同:别人由无要到有,老夫从有要到无。老夫对于知识,不但怀疑到底,而且破坏到底,此外没有别的花头了。

听后的回顾　朋友们!我们听了高尔吉亚的知识论,大家以为如何?我觉得这是第二期的希腊思想当然发生的极端的破坏的倾向。因为当时乘推倒贵族以及战胜强敌之气,破坏一切旧有的权威,从事于新建设的努力,一班守旧之徒不免反对哲人的运动,拥护旧有的传说以为抵抗。阿里斯托芬就是哲人的反对代表。高尔吉亚一班哲人有激而发,其言虽觉极端的诡辩,其影响使希腊思想另开一个新方面,旧社会因此受一番大扫除,其功也不可没。今将他所说的要点录记于下:

<table>
<tr><th colspan="3">高尔吉亚的人事哲学思想</th></tr>
<tr><td>事物问题</td><td>不存在</td><td rowspan="2">虚无论</td></tr>
<tr><td>知识问题</td><td>不能知</td></tr>
</table>

朋友们！哲人当中最有名的代表的哲学戏,我们都听过了。我们明天怎样地打算呢？听反哲人的代表阿里斯托芬吗？抑或听独立的哲人苏格拉底呢？我想听苏格拉底吧！因为阿里斯托芬,他不过是一个有钱的贵族,守旧的顽固,做了一些歪诗来讥诮那些哲人。他这一派在哲学上并没有什么贡献,我们用不着去瞅睬他,决定听那位青年的恋人苏格拉底吧！

第三日

听苏格拉底的哲学戏

朋友们！快到雅典舞台去吧！苏格拉底今天出台得很早，而且他的哲学戏又很有趣味，很有价值！莫讲他的思想是如何如何的好，光说他那一面惊人的相貌，一张破敌的口才，同着他一身谦恭和蔼的态度，以及那爱道义、不怕死的精神，真是值得我们青年的瞻仰呵！他也是启蒙时代的哲人之一。为什么不将他同着那些哲人并看，说他是独立的哲人呢？一则因为他的人格很高，他自己不以哲人自居，教人不取报酬，立身异常刻苦，在哲人中已可算是鹤立鸡群的了。二则他对于道德与知识的见地，虽然与一般哲人也有相同之处，却他自己另有独特的见解：如不受习俗的束缚、注重批评的态度、偏重人事问题诸点固然与一般哲人没有什么差异，但是一般哲人的精神只是破坏的、个人的，他却别开一新生面，独重在建设的与公共的标准；所以他在这一时代是一个独立不群的哲人，这一点是我们应先知道的。

独幕　苏格拉底

表白一　老夫苏格拉底(Socrates,469B. C.—399B. C.)现年二千三百九十三岁了！雅典人氏。父亲以雕刻为业,母亲以产婆营生。老夫幼小的时节,随着父亲学习雕刻,后来年龄渐长,知识日开,觉着天地生我、父母养我的使命,非是仅仅地学一点雕虫小技可以完了得的。人生的可贵,在求真知识以植德行的根本。因此,自家幡然改志,废学雕刻,坚苦耐劳,一心专向真知识去研究。又感着当时雅典社会诡辩蓬兴,一班自号哲人之流,言大而夸,躬行不践,对于维系人心的法律道德,放言高论,只知破坏,不图建设。老夫当时颇为青年危,颇为雅典担心,所以年到四十余,越发自家奋勉,充分地吸收新时代的精神,彻底地研究社会的需要,以辅助青年为一生应尽的天职。或出立街市,或参列宴席,凡人寻聚集之所,老夫绝不厌倦同他们谈论,二十年如一日。一般青年对于老夫是很爱的,老夫也自谓是"青年的恋人"。

表白二　老夫虽然以指导青年为自己的责任,却不敢自命为智者(sophour),我不过是一个爱智者(plilos sophour)。老夫也望青年们都不要以智者自居,只要诚心做一个爱智者,便摸着了真知识的门径。要是求知的人自己不承认无知,而且还要装腔作势地做一个智者的模样,那最是可耻！所以老夫与人谈论,最注意在从容和蔼,怒色严辞、骄容傲态,绝不敢出;纵有时遇着横逆之来,老夫也处之泰然。这并不是老夫的懦弱,因为人格的自尊应得如此。老夫的妻子赞西佩(Xantippe)氏,性情泼悍,常怪老夫日夜与青年论学,不受束脩,不理家业,常向老夫做狮子吼。老夫受不住的时候,只好避之大吉。可突有一日老夫被她吼时,开门外出稍避威风，不料她从老夫头上泼了一盆水，弄得老夫成了个水母鸡！老夫只好哈哈大笑，因为老夫知道“这样的雷鸣之后，必定要下雨”（I know such thunder would bring rain.）。

表白三　老夫并不怕老婆，张氏[①]本来也不算泼悍，只因老夫不事家业，弄得家道贫寒，穿的只有粗布，食的只有面包同水。老夫虽然到了赤足无履的景况，自家精神上的享受要紧，物质上的享受哪有闲暇计较？张氏妇人家，与老夫的想法不同，怪不得！而且老夫的相貌，自己也觉得不大好看：眼睛凸得厉害，鼻子扁得厉害，嘴大得厉害；并且两个朝天鼻孔，一脸乱七八糟的胡须；头连着肩膀，好像没有颈子似的；身丈短得可怜，肚腹大得可怕；这样奇怪的丈夫，谁遇着了不拿水泼呢？所以老夫只觉着张氏泼得好耍，并没有别的感触。哈哈！岂特老夫的妻子向着我“油然作云沛然下雨”，还有那许多守旧党的老顽固也常常拿老夫的相貌做好材料冷嘲热骂，讥讽老夫，只是没有泼水罢了！

表白四　老夫不管泼水也罢，唾面也罢，自信此身不是为讨老婆的欢喜生的，也不是为逢迎守旧党的意志来的。老夫只是雅典青年的恋人，只要雅典的青年对老夫不失恋，老夫便快活不尽的了。老夫日夕出到街前，同着青年谈论，二十余年如一日，丝毫不倦。到了七十岁的时节，老夫的精神越发愤厉，见着雅典的全民政治弊端百出，选举用拈阄的方法，以致皮匠、鞋匠、理发匠之徒皆得高高在上，作福作威；老夫忍不可忍，据理批评。因此，老夫的敌人日多，迈雷托士（Meletus）等三人连名，以破坏宗教、败坏青年道德的罪控告老夫。裁判的当时，老夫要是哀告

① 即指赞西佩。因原书译为“张体白”，故此称“张氏”。——编者注。

判官，也可希图减罪；但是老夫理直气壮，正论严辞，宁杀身不屈，岂肯受人怜悯！所以裁判的结果，宣告老夫的死刑。判决之时，假如老夫提出愿受罚金之议，也是雅典法律所许，判官也许承认，朋友们也曾这样劝我，并愿替我出金。老夫想想，若我无罪，雅典不应枉罚；若我有罪，雅典不应纳贿。我宁无罪坐死，不愿有罪纳金。死刑决后，会德洛斯（Delos）有大祭，执行缓三十日，老夫如要逃走，也有不少的机会，但是老夫想想，全身事小，坏法事大，宁愿守法而死，不愿破法而生。老夫只求无负于雅典，不问雅典负不负余。所以到了临刑的那一天（纪元前399年5月），老夫痛饮一杯毒药而死。哈哈！生死算不了一回事，当时虽然死了，而今老夫还不是生存了二千三百九十三岁吗！

哲学其一 老夫的哲学戏是拿着一件很光明透彻的东西来做骨子。这骨子是各个人都有的，而且是普遍的。假如有一个人没有它，那个人纵然有一双好眼睛，他还是一个盲目者，因为这件东西的光明与太阳的光明一般似的，世界上要是没有太阳，一切物件同归黑暗；人生要是没有这件东西，一切人事都是罪恶。这件东西是什么呢？是“真知识”。真知识是什么呢？就是各个人的主观的眼光对于事物当中普遍不易的道理的认识。这种明了确实的认识，叫作“真知识”。老夫所说的真知识，就主观的一点说，也可说与普罗泰戈拉一班哲人所说的“事物的权衡”——个人的知识——有点儿相同，但是大有差别的地方。他们的主观的意义是特殊的，各人各性的；老夫的主观的意义，是普遍的，人人相合的。老夫见我们雅典当时的人眼睛上害两种毛病：一种是盲目病，凡事不以自己的主观的眼识去辨别，只要是传说、习惯，便瞎着眼去跟着走。一种是缥缈病，虽然遇着事物，也用自己的眼光去瞅睬，但只偶然一瞥缥缈而过,便从个人的好恶情欲去判断。老夫见着社会上种种罪恶,都从这两种眼病发生,所以老夫爱雅典的青年,同他们谈论的时候便提醒他们、帮助他们,点起他们自己“主观而普遍的光明透亮的灯”——真知识。

其二　这种主观而普遍的真知识,人人都应该有的,要是没有,用何种方法可以获得呢?第一要总合起许多事物来,加以比较对照的功夫,仔细地研究那件事那件物所以成为那件事那件物的所以然。第二要看出那同类事物当中普遍不易的道理。因此总括起来得一个概念,这个概念的确定就是真知识。举个例证:譬如说人有大小长短、美丑智愚,本不相同;但是总括这大小长短、美丑智愚的个体,抽出普遍不易之点,名之曰人。这个人的概念的明确的意义就是真知识。老夫对于知识的见解,以为要是不由这样得来,都没有根据的,是各个人臆造的。后来有的人说老夫所说的知识是“概念”的知识,组成这种知识的方法叫作“归纳法”。老夫本来觉着用归纳的方法去追求概念的知识,是得真知识唯一的道路。

其三　求真知识的人,还有两种最紧要的态度:①是消极的,②是积极的。消极的态度,是自认无知;积极的态度,是真诚爱知。这两种态度是知识的磁石,没有这磁石,便失了知识的吸引力。老夫自己时时自省,处处自白我的无知,觉着与老夫同时的一班自命哲人的人,满腹智慧,好为人师,其实可耻!还有许多青年,一方面喊着知识的饥荒,求人传授知识;一方面又要装腔作态,以为自是天才,聪明绝顶,学盖老师,天下最可耻的人,就是这一等!人们这样地无耻的原因,只是没有爱知识的真诚。老夫好同青年谈论,不敢自命为智者(sophour),只是刻苦勉力,为一个爱智者(philos sophour)。所以老夫并没有知识传授于人,只顾与青年们大家努力觉悟自己的无知,同心协力地去从事讨究,一切存见都抛弃尽净,一切事理都重新起头。最新的起头,便是从自省起。所以老夫自己的戒铭,叫作“知汝自身”(know myself)。

其四 老夫求知识的方法及态度上面已经说过了。老夫帮助青年的法术怎么样呢?老夫模仿我母亲的“产婆术”:产婆去到人家收生,不过从旁为产妇助力,使她安稳生产,并不能代人家生产。教人也是一样的道理,只能从旁助力,使被教者自觉自悟,自己开发;所以说知识是自己产生的,不是旁人代产的。老夫每逢知识的产妇来找我收知识的生,老夫便实施一种手术,叫作“反诘法”:使产妇自己觉着哪里不安,用力去按治那里,便安稳地产生出知识儿。老夫有一次遇着一位少年,名叫欧提德穆(Euthydemos),他肚里怀了一个大政治家的胎,沾沾自喜,洋洋得意。老夫见着他的怀胎大不安稳,不免要堕小产,遂与他一问一答地谈论(见 Xenophon① 所记):少年!你的肚子里,既然自负是一位大政治家,你可自信你是一位公道的人吗?

欧 自然,我素来行事无有不公道的。

苏 然则你能举出几种行为来表示公道的结果吗?

欧 哪有不能的呢?就是不合公道的结果,我也能举出。

苏 很好!我们取张纸来,分写两行:一写公道的结果;一写非公道的结果,如何?

---

① 色诺芬尼,雅典人,苏格拉底的弟子。他以记录当时的希腊历史、苏格拉底语录而著称。——编者注。

欧　同意！同意！

苏　作伪将列在何行？

欧　自然列在非公道行内。

苏　欺诈怎样列呢？

欧　自然也列在非公道行。

苏　偷窃如何？

欧　也是一样。

苏　奴辱他人如何？

欧　也当列入同行。

苏　上所举的，竟无一项可以列在公道行吗？

欧　从来没有听到过。

苏　假如有一将与国敌战争，用诈术引诱敌人入于陷阱，此种行为如何？

欧　此种行为，诚属正当，可以列入公道行内；但我的意思，以为前所讨论的，专指欺友。

苏　然则在某种情形之下，我们可得将同一的行为——如欺诈——斟酌列入两行吗？

欧　我想应得如此。

苏　现在我们且以友朋为限：假如有一将与强敌对垒，见着他的军队气很颓丧，他便欺哄说："我们的救兵将到了。"军士们因此气勇获胜，这也是欺友的行为，当列在何行呢？

欧　当列入公道行。

苏　又设有一病童，怕药的味苦，不肯饮，他的父亲谎他说："这药的味是很甜的。”病童饮了，因此救了生命，这类又当列入何行呢？

欧　当然也在公道行。

苏　又或你见着一位神经病的朋友，怕他有刀而自杀，你就将他的刀窃取了。这种窃取的行为，你以为如何？

欧　也当在公道行。

苏　你刚才不说了，不可偷窃、不可欺友吗？

欧　是的，我说了的。

苏　我现在别有一点问你：故意违犯公道与无心违犯公道，你以谁为正当？

欧　苏格拉底！我不能再答你了！凭良心言，我以上的答辞已经不自信了！

谈到这里，欧少年自己觉着他的先存之见不彻底了！自相矛盾了！就不得不认无知，再求新知了！老夫帮助青年的求知法，只是这样。

其五　我们为什么要这样地求知识呢？因为知识是道德的根本。我们的行为不可不按着我们自己的觉悟之点去做。要是不用自己的判断力，只是盲从传说与习惯，那就没有真道德。不知而为，即或中了，也是偶中。所以说道德的根本在明确的知识。我们拿一种技艺来说：要是没有关于那种技艺的明了的知识，万万做不出好的来。不知建筑术不能完成工匠的事业；调理一家，治理一国，也是如此。没有知识的行为，仅仅是盲目的动作，算不得真的德行。所以说不知勇之所以为勇、义之所以为义，如何能见义勇为？

其六　上段说知识是道德的根本，这句话的意义不但说知识是道德的条件罢了，因为知识确实能够构成道德的行为，还可以说知识就是道德的要素。再明白地说:知识即是道德,道德即是知识;无知即是罪恶,罪恶即是无知。虽说有些人好像富有知识,却他所行所为都是罪恶,并且知识越富,罪恶越大。其实不是这样,他的知识不是真的,原来算不得知识,只是满怀的谬见罢了! 老夫所谓的知识,是真知(Insight);所谓的德行,是至善(Excellence)。宇宙间最大的事情就只是真知,只是至善,至善就从真知得来。

其七 所以关于善的问题,老夫以为不是别的,只是知道正当行为的标的,从而统一调和起来,就是善。所谓德,不是别的,也只是得此善。善于我们是有益的,我们知道于我们有益的事情 ,断无不为的。所以人们最紧要的事情,是要有识别有益无益的智慧,同着选择有益的技能。其实选择的技能是从识别的智慧来的,智慧与技能是相伴的,所以知善,也必能行善。

其八 真知的内容不仅是道德,而且是快乐及幸福;因为有真正的知识的人,必能选择正当的行为,正当的行为最足以使人愉快,享受幸福,所以德行与知识相伴,快乐、幸福与德行相随,德行与快乐、幸福都是知识的必然的结果。世间最苦的人,就是无知识的人,因为无知,所以常常被制于一时的感情,不能保持节制坚忍,一切外物都成了他的专制魔王,自己丝毫不能自由自主,明明立在自由自在的天地中,都好像囚在牢笼里一样。所以说知识道德、快乐幸福是相伴的朋友。

其九 德行当中最要紧的,在克制个人的情欲,遵守公共的国法,因为最高的道德建筑在社会的基础上。老夫觉着一般哲人过分地唱道个人主义,以为社会的法律只要个人有能力,便可以从个人所欲随意去破坏,这是很危险的、不完全的见解。所以老夫宁死以殉法,不忍破法以殉我。

其十 宗教上的一神论与多神论,老夫都不管。老夫只相信宇宙确是神所布置的,所以这样地有秩序。在这有秩序的世界当中,只有善人为最乐。因为善人的心常听命于劝善的神灵之声(Sairo′viot 为心内的实践伦理的指导者,即是对于反伦理的举动给予消极的、警戒的神声)。

终演 总结起来,老夫苏格拉底的理想没有别的,只是真知识=真德行=真幸福=真快乐。这几样东西联结起来,成一个很光明灿烂的金刚石的戒指,遇着不嫌老夫的相貌丑的青年,而且与老夫讲恋爱的,都给他一个。老夫的老婆不知道这种戒指是最富的家产,可怜她拿水来泼我!雅典的法官不知道这种戒指是无上的贿赂,可怜他倒拿药来毒我!哈哈!

听后的回顾 朋友们!这位青年的恋人,丑的美人——他的人格真正美啊!他的学说也很新啊!当希腊这人事哲学时期,

一般哲人的知识道德论:

是破坏的,

是个人的,

是特殊主观的。

苏格拉底的:却

是建设的,

是社会的,

是普遍主观的。

一般哲人的教学法:

是注入的,

是卖品。

苏格拉底的,却

是开发的,

非卖品。

我们由此见着他在哲学上的地位,同着给予青年的影响是何等伟大哩!他的思想的究极根本及动力,可说在明了确实的知识的追求及不动不拔的道德的确信。我们且将他所演的要点记录起来,明天接续去听他的门徒的演唱。

<table>
<tr><th colspan="3">苏格拉底的人事哲学思想</th></tr>
<tr><td>知识问题</td><td>主观地认识事物普遍不易之相</td><td rowspan="3">主知的心理说
幸福的伦理说</td></tr>
<tr><td>道德问题</td><td>真知识即是道德</td></tr>
<tr><td>法律问题</td><td>遵奉法律义务基于万人共通的知识</td></tr>
</table>

第四日
听小苏格拉底派的哲学戏

我们要听苏格拉底的门徒的哲学戏，先要将他们的派别弄个清楚。原来苏格拉底的哲学只是以新颖的眼光，教人研究事物普遍不易的道理，提示一些新问题。他所以及于后世的影响很伟大，也就在此，因而受他的影响的学者，各取一方面去发挥，或取他的伦理说，或取他的辩论法，各成一家言。这些学者因为只取他的学说的一方面的缘故，所以叫作“不完全的门徒”，又叫作“小苏格拉底派”。他的门徒当中，只有柏拉图(Plato)一人是完全承继者。柏拉图的哲学自成一大组织，在哲学的故乡的哲学史上成一大伟观，待到第三次旅行组织时期的希腊，再去观听不迟。今天雅典舞台只是小苏格拉底派出演。他们最要的派别有三：

(1)麦加拉学派(Megara School)　系欧克里德(Eukleides)在麦加拉(Megara)创始的，所以叫作麦加拉学派。其根本的思想系结合苏格拉底及埃利亚学派的学说而成。

(2)犬儒学派(Cynic School)　系安提斯泰尼(Antisthenes)在雅典府的希洛格斯地方创始的，因为这一派的学徒轻视文化的建造，重视天然的状态，甚至主张人类生活宜法野兽之群，所以有犬儒学派的名称。其根本的思想不外取苏格拉底的“道德即幸福”说而下以消极的意义。

(3)昔兰尼学派(Cyrenaic School)　系亚理斯提布(Aristippus)在昔兰尼地方(Cyrene)创始的，所以叫作昔兰尼学派。其根本的思想不外是取苏格拉底的“道德即快乐”说而下以积极的定义。

以上三派之外，还有斐多(Phaidon)在他的故乡埃利斯创立一派，并且此派之流，经墨勒得摩斯(Menodynos)传于伊勒托利亚(Erythreca)又成一派。但这二派，其先近于麦加拉学派，以后又近于犬儒派，在哲学思想上没有什么特别的价值。我们只听以上所说的三派吧！

第一幕　麦加拉学派

表白　老夫欧克里德，纪元前450年左右的人，现年大约二千三百四五十岁了！老夫曾游雅典，师事苏格拉底；后来于纪元前399年，目击老师遭难，遂归还故乡麦加拉地方，兴办学校，创立麦加拉学派；将老师的知识论及道德论，同着埃利亚学派的思想及辩证法结合起来，这是本派学说的根本。

哲学其一　老夫的哲学把戏是左手拿着我老师苏格拉底的普遍不易的知识，右手握着埃利亚学派的唯一不变的“实有”，结合成一块儿要的。怎么说呢？我想够得上为事物的普遍不易的东西，不外是唯一不变、平等无差的“有”，此外便没有“实有”。真正的知识，就在知此“有”罢了。而且我老师所谓的善，毕竟也不外乎此“有”，任你说知见也罢，理性也罢，或是神明也罢，名虽不同，其实不过此“有”，再没有别的了。

其二　老夫的学徒,他们都很下功夫去研究,他们运用芝诺的证辩法,很惹时人的注意。老夫代表他们举一二例来说,可见我们麦加拉学派颇能运用芝诺的难杂多的证辩(无限小的部分不能集成分量)。①秃头论,我们倘若要做一个秃头,拔弃毛发,试问拔至何根,方能全秃?这是不能解答的问题。②堆积论,我们拿一张斗来量谷物,这谷粒累积到若干粒,方可满足一斗?这个疑问也是不能解答的。所以说普遍不易的知识,只是唯一不变的"有"。

其三　本派中如第奥多鲁(Diodorus),他也否认"可能"的观念(虽非实有,却是能有,故曰可能),他说唯有"实有"与"必有"可以说是"可能"。何以故呢?因为可能,须因实有,然后得知;非现实的可能,既非现实,如何可能?只是不可能。还有斯底尔波(Stilpo)也说,人们可以说得到的,不在物外,因为说这样物,说到它的外面去,便说不到这样物的本身,这个意思就是说我们可得说的,只有同言判定。例如说狗是狗,马是马,便对;说鸡是狗,鹿是马,便不对。

终演　总说起来,我们麦加拉学派的着眼点总不外承继埃利亚学派的思想,结合苏格拉底的知识论及道德论,老夫欧克里德创立此派的主旨,也就在此。

听后的回顾　朋友们,你们觉得这一幕小苏派的戏有趣么?他虽然没有什么新鲜花样,却在哲学史上也有重要的关系,不可忽视的。因为这一学派,是一个达到柏拉图的组织哲学的桥梁。我们现在接着听第一幕!

第二幕 犬儒学派

表白一 老夫安提斯泰尼(生存在纪元前400年左右)初从学于高尔吉亚,晚年师事苏格拉底,深佩苏老师的为人,尤其佩服他的克己自制之德,不幸谗人诬害,恶吏枉法,竟至毒死了青年的恋人。社会的罪恶诚可寒心,苏师的固执也未免太过了! 什么叫作公共的法律,这样反乎自然,不近人情的法,哪有遵守的价值? 老夫愤慨苏师之死,遂到希洛格斯地方兴办学校,为犬儒学派的创始,脱弃社会的一切法律风纪,不计世俗的一切褒贬毁誉,专事提倡人类天然的自由。

表白二 本派的学友们都能超脱外界的束缚,发展内心的自由,所为乞食哲学家辈出:如第欧根尼(Diogenes)不但舍家,而且弃国,他心中的信念,他自己并不属于任何国家,只是自然界中的一个自由人;又如克拉底斯(Crates)同着他的妻子希巴尔琪娅(Hipparchia),终身安送乞食生涯,流浪四方;他们都是本学派的健者。

哲学其一 老师苏格拉底说:“德行与幸福相伴”,这即是本学派的根本思想。我们相信“有德者也有福”。何以呢? 幸福是自心的满足,德行不受外物的束缚,所以只有德行是我们的幸福,我们的幸福也只有德行。除开德行,一切富贵权势都要受束缚于外界的,不能任我们的意思随便左右;要是依赖受外界束缚的事情来做幸福,那么,我们的幸福不但结果靠不住,而且自心已经先受束缚了。所以我们要想得着幸福,不可不抑制绊于外界的欲望,放任天然的自由。

其二 因此之故,我们不重文化的创造,只重天然的状态,什么社会的制度、风俗、习惯,什么世间的贫富贵贱、毁誉褒贬,都没有价值,只有野兽之群是善的。不然,裁制苏格拉底的法律,也算良法;毒死苏格拉底的法官,也算良吏;诬告苏格拉底的原告,也算善人君子了!

其三　我们对于苏格拉底的知识论,所谓普遍不易的道理,也与麦加拉学派的斯底尔波的见地相同。关于事物的真知识,不外事物的自身;自身以外的事物,不能说明其事物。所以我们对于事物可得下的断定只是分析的断定(分析既经含在主语中的事物表现于客语)。因此我们可得下定义的概念,须得可以分析;要是不可分析的单一,就不能形成概念的知识。概念中所含的单一的认识,唯从我们的五官直接感觉得到。

终演　总括起来,我们犬儒学派的伦理思想有三大特色:①是主观的,重独立的自由;②是自然的,重天然的状态;③是消极的,重抑制欲望。关于知识的见解,重在感官直接感觉其物自身。

听后的回顾　朋友们!我们听这第二幕犬儒学派的哲学,虽然觉着他们的议论行为都很偏激,却可以见着是他们所处的时代的反应,而且这学派是后来斯多葛派(Stoicism)学说的基础,在哲学史上也是很重要的。我们接着听第三幕!

第三幕　昔兰尼学派

表白一　老夫亚理斯提布(Aristippus)纪元前400年左右的人;生在阿非利加的昔兰尼(Cyrene)地方,家颇豪富,因观奥林匹亚的竞技,曾到希腊,仰慕苏格拉底的盛名,去到雅典,奉上多金,愿受业门下;不料这位苏老先生,不但拒金不受,并且大加斥责,算是许列门墙,也是我生之幸。后来老师被害,乃离雅典,遍游诸邦,备承宠遇。最后归还故乡,兴立学校,教授诸生,从积极方面阐发苏老师伦理学说,昔兰尼学派就从兹创始。

表白二 老夫的子孙,三世绍传家学,其中聪明特出的要算老夫的女儿阿勒图(Arete),同着她的孩子小亚理斯提布。他们将老夫的根本思想——伦理上的快乐说,从生理上去考究,这是很可快慰的事情。

哲学其一 本学派的根本思想,与犬儒学派同是祖述苏格拉底的道德说。苏氏的道德说中曾提示德行与幸福及快乐的关系,犬儒学派就专从消极方面来解释德行的内容——即制限欲望以获得幸福及快乐;本派的见地却不然,专在积极方面,以求满足其欲望而达到幸福及快乐,方才是德行的真意义。因为德行的自身没有什么价值,有价值的地方只在它是达到幸福与快乐的方便,所以说德行是得幸福之道,幸福是得快乐之道。

其二 我们为完成我们的幸福,不可不求最大的快乐。最大的快乐,不在过去,不在将来,唯在现在。过去的快乐无从追,将来的快乐不可必,独有现在的快乐是真实的。现在的快乐有大有小,苦痛也与它相伴,我们不可不选择其中最大的快乐。

其三 选择最大的快乐,不可不有选择的智慧;有选择的智慧的人,便是贤人。所以知识的必要,不外是快乐的选择。人们须得从其知识去引导行为,不可妄任情欲的发动 。哲学的价值就在开发选择此快乐的知识。

其四 快乐是属于各人自己的,不是社会的。故贤者不为社会的法律习惯的拘束,其所以守法律、从习惯的缘故,毕竟不外得自家的安乐。

其五　老夫创立本学派的主旨，在积极地提倡个人的最大快乐，但人们生在世上，不能常居安乐之地，多在不幸之中，本派的末流遂至带有消极的厌世的臭味。如赫格西亚（Hegesias），他就是“自杀劝诱者”，因为他说：“人们纵不得快乐，只要在无苦痛的状态，便是人们的幸福，与其求尽欢乐，毋宁满足无苦痛的状态；要是不能得快乐而且连苦痛的境遇都无法可脱，那就宁死的为佳。”

其六　本派的学徒、老夫的外孙小亚理斯提布，他考究关于快乐、苦痛之生起的生理的状态，以立本派快乐说之学理的根据。其说盖本于普罗泰戈拉的知觉状态说。他以为“一切感情的发生，都归于人们的身体内的物质运动的状况，所以五官的知觉仅示人们自家的状态，并不能示外物。体内的物质运动平稳的时节，觉得快活；过剧便觉苦痛；其运动甚微或全行休止的时候，也无苦痛，也无快感。”

终演　总括起来，我们昔兰尼学派的伦理思想也有三个特征：①是主观的，重独立的自由，这一点与犬儒学派相同；②是理性的，重自己的选择；③是积极的，重欲望的满足增加，这两点与犬儒学派相反。

听后的回顾　朋友们！这第三幕昔兰尼学派的哲学思想，纯然是在伦理上的个人的快乐，即此可见当时希腊社会如何地解体，个人精神怎样地旺盛，并且此派为后来伊壁鸠鲁学派（Epicureanism）的前驱，我们不可以忽略地听过罢了。我们且将今日听到的这三派小苏格拉底的思想的要点记录于下：

小苏格拉底派的人事哲学思想			
派　别	道德问题	知识问题	法律问题
麦加拉学派		同言判定	
犬儒学派	道德的内容即幸福,幸福即欲望减少,求内心的自由	分析断定	否认态度
昔兰尼学派	道德的内容即快乐,快乐即欲望充分满足的感情	选择快乐的判别力	以享乐的利己主义为准

游终日
人事哲学思想的总研究

朋友们！我们这第二次哲学之故乡的旅行已经终了！仅仅花费四天的功夫，将他们八十一年间的人事哲学的精华古董一览无余！趁着今天闲暇无事，将我们所见到的拿来总合研究一番。听说第三期的组织哲学又要接续开演。我们的闲暇的晨光横竖还多，不妨接着听下去，将他们的脑子里的古董收完了，然后饱载而归，岂不是很快活的事情？现在且将这四天内所得的材料开始整理起来！但是从何着手呢？我想：

第一，回顾他们在这第二时期为什么产生人事哲学呢？

我们在这一次的旅行开始的时节，曾经研究这一期中希腊社会的情形，见着希腊国民自从战胜波斯后，国民的精神生活陡然发展，希腊学术因此也跟着进步。加之在此时期内部的政治气象活跃，百废俱兴，希腊国民里里外外集了许多苦经验，已达成熟的壮年，对于旧传说的幼稚信仰当然丧失，对于实际生活上必需的知识自然视为重要。因此，所有实际活动的方面，那独立的思索与个人的判断起而替代向来为习惯所支配的古生活。一般民众对于学术的知识也感着炽烈的要求，从而希腊学术遂脱离狭隘的学派的束缚，布散于公众的面前而为民众化。就中活动于政治界的人们，尤感觉着旧日的家系已失其权威，而陈腐的知识又不足以应付复杂困难的政务。因此，学理修养的要求最感强烈——尤其是在雅典。

需要既如此强烈，供给自不得不生，所以一般哲人应运而起，离开学舍，出立街头，就他们曾经学习发现的事实教给民众。他们的态度，一面出于教化同胞的志愿，一面也以教育为职业，各学派的人们多来到雅典奋斗努力，获名获富。因此，学术的性质及在社会的地位较之以前有根本的变更：如伯里克利，即以此造成一社会的势力及政治的动因，在昔专从纯知的兴味发生的学术，至此时节遂属于实生活，尤其属于政治生活。又因为希腊的民主政治，政治家须有演说的能力，所以哲人们都变为能辩术的教师，他们对于自然界的研究甚为轻视，所以仅仅祖述传来的学说，其兴味的趋势，都向人们的思考作用同意志作用，所以这二期的希腊学术专一关于人事方面发展。拿它与第一期的关于宇宙的学术相比，第一期是客观的研究，第二期是主观的研究。

第二，研究这第二时期人事哲学的总精神。

哲人的活动，既关系在人们的思维同着意志；能辩术的教师，又重在雄辩取胜的技能；加以旧信仰的动摇，旧权力的失坠，各个人的精神生活皆在无政府的状态之中。在此时期，对于事物究竟有无普遍妥当的真理大生疑问。哲人的注意只重在人们的思想及目的的相对性一方面，因而在理论的范围或实践的范围，对于普遍妥当的真理，只唱道一种的怀疑论。希腊社会组织的崩解就是这种怀疑论促成的。

哲人的思想对于法律、道德、知识等问题，他们主张独立的个人的自由的解答，指明个人意识为最后的判断。他们以唯觉主义的心理学做他们学说的基础。他们学派的中心人物，是普罗泰戈拉与高尔吉亚。

反抗他们而树立理性的信仰及普遍妥当的真理的信念的，是苏格拉底。苏氏与哲人对于当时社会的共通意识虽然有同一的疑问，但哲人只从消极方面力图破坏，苏氏则从积极方面求新建设。

苏氏的后继者欧克里德所创设的麦加拉学派，不免有汲哲人的末流徒弄诡辩之弊。安提斯泰尼创立的犬儒学派与亚理斯提布创立的昔兰尼学派，代表希腊人两极端的人生观：一是消极的节欲主义，一是积极的满欲主义。

第三，总论他们的法律论。

希腊古代诗人及七贤人的教训以中庸之教为中心。纪元前五世纪时，厌世的诗人及哲学者指摘人们的欲情颇难抑制，因而老成真挚的人们鉴于社会的动摇及政治的经验，主张遵奉法律为最高的义务。当时遵奉法律的主张有两种的意义：①是以法律为既成的事实，故以承认法律为妥当；②是信仰背反法律为不利，遵奉为有利。到了希腊的启蒙时代，对于这两种意义的信仰完全动摇，至与道德合为一个问题。

原来遵奉法律的信仰动摇的原因，由于社会生活的经验：因为当时政治的变迁很大，宪法依人民的投票，变更也极频繁，仅此一端，法律的权威已足颠覆；加之鉴于异国异民之间道德习惯互有不同，因此在法律的自身当中不能看出普遍的妥当性来。于是乎发生了一个问题——离开国民、国家及时代的差别在一切时一切地有妥当的法律吗？这个问题恰如在第一期宇宙哲学者们于变化杂多的世界求常住不变的本质一样。

在第一期中，法的观念是天然法；到第二期中，便生出人为法的观念与之对照。这就是希腊启蒙的一大特色。自然法无国民与时代的区别，对于万人皆认为妥当；人为法则因时因地异其价值，这两者的对立的问题发生，普罗泰戈拉以个人为万事万物的权衡，故解答此问题，只说万人有平等的正义及伦理的感情。

哲人们从此根本的思想出发去批评社会的现状，要求社会的革新，所以吕科弗隆唱贵族的废止；阿尔基达马反对奴隶制度；法里亚斯主张财产与教育平等；希波丹姆斯提倡合理的理想国。

成文法离开自然的要求，以立法者的利益为基础：特拉西马库斯（Thrasymachus）以为是强者强制弱者的武器；卡利克勒斯（Kalikles）以为是弱者所作的保护物；吕科弗隆则以为是两方不欲相害互相保护生命、财产的契约。

以个人的利益为法律制定的根据，遵奉的动机固然也在此。但是法律的规定要是与个人的利益不一致的时节，为求达个人利益的目的，便不能不发生最可怖的恶行。因此对于法律与道德的妥当性自然要发生怀疑说。到了此期之末，哲人们的自然主义同激进主义遂至于极端，至认强者——即智者——从个人自己性质的冲动、不服从法律为正当。

苏格拉底对于此运动持两面的态度：一面对于存在此运动的根底的理由极表赞同；一面对于此运动的结果强烈地反对。因为苏氏的见解，以为盲目的信仰法律固然不可，然以存在个人的判断的根底的利益及感情的冲动为法律的基础是很危险的。所以他主张遵守国法的义务，其根本的思想在万人共通的精确的知识。

第四，总论他们的道德论。

关于道德论，苏格拉底与哲人们的见解根本上差别的地方也与法律论相同。因为当时法律论与道德是混为一谈的。哲人们认定独立的意志及本原的感情,苏格拉底认定明确的知识,各为其说的根本。哲人们的主意说与主情说极端地倾向个人主义;苏格拉底的主知说恰与之相对立,于当时希腊社会的情形确是对症发药,并且于古代伦理学上很有重大的影响。

苏氏以为德就是关于善的知识,善的知识的内容如何?他的解答虽然是很漠然不明,但是他心中的信念确以为人之所以为善,所以获幸福,所以享快乐,只在此知识。所以他说人之所以为恶的缘故,由于知识的不足,就是由于认恶为善。因为人们容易认恶为善,所以要教养,若德不是关于善的知识,那就用不着教养。

苏氏以幸福及快乐为德行之必然的结果,所以欲达到幸福及快乐,对于行为之结果不可不有完全的知识。此知识获得的次序,最先要自知,所以他常以“知汝自身”的一句话提醒自己的反省,并促他人的自觉。

苏氏所谓的善,没有明了的定义。所谓幸福与快乐,不过是善行为的结果。到小苏派——尤其是犬儒学派与昔兰尼学派——对于善的概念加以明了的规定,犬儒学派的创祖安提斯泰尼以为“幸福即善,善即幸福”。幸福,与外界独立,幸福的自身即因即果,不待外界的原因结果。若必待外界的因果,那么,人们就是外界的奴隶,没有享受幸福的自由。所以这一派对于文明取否定的态度,科学、艺术、国家等等,于此派的人们,直是无可无不可,他们常常轻蔑嘲笑。

昔兰尼学派对于善的概念,明了地给以快乐的内容。快乐的概念不外因欲望充实发生的满足的感情,所以此学派所谓的快乐,就是感性的肉体的享乐，瞬间满足的意味。因此，对于德的解释，以为是关于快乐的知识，从而不过是对于享乐的技能。除开享乐而外，德的自身便没有价值。此派对于文明的态度，自然不像犬儒学派那样地否定，但是他们也不赞美，也没有义务及感情的念头。因为他们持享乐的利己主义，所以也不轻蔑文明罢了，因而对于国家的责任心是没有的。此派中的泰奥多鲁斯（Theodorus）甚至于嘲笑献身社会的人为愚者。

昔兰尼学派的享乐主义并非盲目的享乐，所以他们以为只有有教育的贤人，能得真快乐；因为真快乐要有选择的知识。如安尼克里（Annikeris）选择交际、友情、家庭、社会、生活上精神的快乐。

昔兰尼学派的道德论虽然在积极地求快乐，而其结果陷于悲观的、厌世的，因为他们以为人生的目的在快乐的追求，然而实际上有多数的人都在苦痛烦恼的海里，实在没有生活的意味，比较起来，宁可不生活的为得策。这种快乐的厌世说以赫格西亚为最初的代表。

第五，总论他们的知识论。

这些哲人们的知识论在论理学及认识论上虽没有什么价值，但在语言学及修辞学上都很有意味。因为他们的共通点，在运用矛盾律做破敌的工具，运用同一律来做立论证的根本。他们的得意的法术，只在将论敌所认为妥当的思想，指摘出矛盾的地方，以为嘲笑之；或发出奇问，使对方无论为肯定或否定的解答，都不免要陷于穷地。如秃头论与堆积论，就是麦加拉学派得意的问法，他们的论辩都受了埃利亚学派的影响；至于苏格拉底的反诘法，虽然也是巧于应用矛盾律，但是苏氏不像他们那样流于诡辩。我们且将他们的知识论分作三项来研究，自然发现苏氏的见解与一般哲人不同：

(1)关于知识的本性　普罗泰戈拉以为知识是纯主观的、霎时的，所以他对于知识只认为有个别的确实性。

高尔吉亚更进而持极端之说，否认知识之可能，因为对于事物的存在根本否认，对于知识自然也是如此。而且他说得很明了，就令事物存在，知识也是与它没有关系的。高氏这样地否认知识的确实性，由于他的虚无论必然的结果。

苏格拉底对于知识的个别说与虚无论立于反对的地位，主张有主观的、普遍的确实性。既说主观的，又说普遍的确实性，其中自然含有客观的意味，与普罗泰戈拉的纯主观的意义大不同。

麦加拉学派对于同言断定的知识，虽认为有确实性，如人为人，善为善，外此于某主语附加以外的说明语，便与高尔吉亚的见解相同。这是由于受埃利亚学派的影响，否认杂多的存在生出来的结论。

犬儒学派对于知识的确实性与麦加拉学派的大同小异，因为此派所谓分析断定，是指用包含在主语中的客语去说明主语，也是同言断定的一种。不过麦加拉学派所谓的同言断定，是绝对的同言；此派的同言断定，是相对的同言。

(2)关于知识成立的方法　麦加拉与犬儒两学派只在某事实的本身上下断定而获得知识，苏格拉底则从概念的形成而得。故在苏氏的目中，学术不外是概念的思索；规定概念的本质，即是定义；定义就是研究学术的目的。苏氏之说在方法论虽然没有什么价值，在论理学及认识论上很有重大的关系。

(3)关于知识的起源　普罗泰戈拉以为是外物影响于感官当时的状态，是绝对的唯觉主义；苏格拉底是主知的心理说，一般哲人都不外唯觉主义。

朋友们！我们已经将这第二期人事哲学思想综合地研究过了，我们接着听第三期的组织哲学戏吧！因为这第三期中的三大人物德谟克利特、柏拉图、亚里士多德出台，可以见着古代思想海的洋洋大观。

第二次旅行终

第三次　旅行古代希腊

Diyici Luxing Gudaixila

准备日　研究第三时期希腊社会情形

第一日　听德谟克利特的组织哲学戏

第二日　听柏拉图的组织哲学戏

第三日　听亚里士多德的组织哲学戏

游终日　组织哲学思想的总研究

准备日
研究第三时期希腊社会情形

第一期的回顾

青年朋友们！我们都知道哲学思想是与社会全体生活很有关系的，所以在第一次旅行古代希腊的时候，研究他们第一期社会的情形：内政上那样地纠纷，外患上那样地逼迫，宗教上又有那样的危机，弄得社会生活极不安定，大有风云变化莫测之状。宇宙论的学者在此时期以惊讶变化的心情，自然要在一切现象变化的当中去追求不变的存在。他们研究的结果，一般的趋势，对于宇宙问题的解释，不分物质与精神，只认定"不变的存在为有生机的物质"，所以第一期的希腊哲学思想集中在物活说。

第二期的回顾

在第二次旅行的时节，又研究希腊第二期的社会情形：正当战胜波斯之后，凯旋歌声未止之时，加之各地市府，新政焕发，一般人心如狂如醉，自由之火，独尊之概，气象万千，人人只知有个人意志的坚强，不知有任何权威的存在。人事论的学者——哲人当此时节，应一般社会的要求，自然要在人们的感情及意志里去求人生的意味。除苏格拉底外，他们几乎全般地倾向对于人事问题的解释,只认“个人为一切事物的权衡”,不信其他有真的存在。所以第二期的希腊哲学思想,集中在主意说;拿去同第一期的思想比较,可说第一期是倾向客观的研究,第二期是倾向主观的研究。

本期的情形

这第三期的系统哲学与社会情形的关系,便没有前两期的那样地亲切了。因为这一期的哲学思想不过是前两期的思想果的大收成。与时势的要求的关系很少。所谓大收成,并不是论理的必然,也只是三大人物的知识欲的结果。所以就这一期的思想内容分析起来,固然是关于前两期发展的宇宙及人事的思想的融合,但就所以成就此融合思想的大观,实不外三大人物的创造事业。三人为谁?

(1)德谟克利特(Democraitus),简称德谟克。

(2)柏拉图(Plato)。

(3)亚里士多德(Aristotle)。

听这三大伟人的哲学戏,是我们这第三次旅行的目的。现在且莫问他们的戏法如何,先研究他们所处的时代情形是怎样:

(1)伯罗奔尼撒(Peloponnesus)战后的忧伤　在这时期中,希腊各市府间战争迭起,其间最剧烈的要算伯罗奔尼撒之战。因为这次战争使希腊社会衰落的影响很大。战争的原因,我们在第一次旅行出发的时节,曾经研究过希腊民族的性质,知道雅典人尚文与斯巴达人尚武的精神不同,始而互相轻视,继而互相妒忌,终而彼此争雄,构兵不已,此为伯罗奔尼撒战争的远因。到雅典战胜波斯之后,伯里克利当权,修明内政,力振海军,雅典势力遂震慑希腊中境。斯巴达越发妒忌,扩张陆军以为抵制之计。纪元前445年,虽有息兵三十年之约,然自此以后,猜忌愈深,彼此暗修战备,有触即发。适有科尔库拉岛(Corcyra)叛科林斯(Corinth),雅典与斯巴达分为左右助,是为伯罗奔尼撒战争的近因。战争的结果,雅典水陆军伤亡殆尽,至前404年,开城乞降。于是乎斯巴达声震全希,而希腊文明中心的雅典遂变为满目荒凉之境,文艺因此散亡,风俗也从此败坏。

(2)*极盛后的雅典政治之腐败*　雅典的共和政治到伯里克利当国时已达于极盛时期。自此以后,极端地趋向平民主义,而且误解其中的真谛。加以在第二期中一般哲人鼓吹个人主义的结果,思想极混乱复杂,人心中既无公共的是非善恶,政治上哪有智愚贤不肖的标准;官吏选举用抽签法,以至目不识丁的市僧也得执政当权,贤如苏格拉底无怪死于"莫须有"之冤。至苏氏死后,政治的腐败更不堪言状。试就当时著名的剧家阿里斯托芬(Aristophanes)所著的《骑士》(*Knight*)一剧看来,可以想见其情景。中间有一段:描写希腊的一位演说家德摩斯梯尼(Demosthenes)遇着一位卖香肠者,德摩斯梯尼劝他舍掉小卖业去当大伟人。卖香肠者以为这是俏皮话。德摩斯梯尼乃详细地将所以然告诉他,他自然还是不大相信,恰有位议员先生前来,德摩斯梯尼就指着他说道:"你不信他明日将为雅典主,可以作福作威了。"卖香肠者答道:"他这样卑劣下贱怎能够至此?"德摩斯梯尼说:"正为他卑劣下贱,所以能够至此,而且必然至此。"

三大系统哲学家的创造

我们就以上说的两项情形看来:在这第三时期的希腊,不但是政治一端腐败,因为人民精神堕落的结果,所以一切社会生活的基础上已生了蛀虫，学问艺术的价值到此时已不在希腊社会公共的眼中了！然而德谟克利特、柏拉图、亚里士多德三人，在此时期犹能融合前两期宇宙及人事的思想而造成三大组织哲学时代。这正是英雄造时势，不是时势造英雄。

以上说的这三大系统哲学家，当着希腊四分五裂、人人缺乏学术兴趣的时代，他们创造了很伟大的哲学系统，固然是由于他们自己的实现，不是应社会要求趋势的产物；但是他们是希腊人，生活于希腊的社会当中，他们的思想还是希腊思想的表现；虽说他们所表现的不是他们当时的时代思想，是前两时期——宇宙哲学时期、人事哲学时期——的最后的伟大的结晶。

德谟克利特 将宇宙哲学时期的思想融合成一大组织，

柏拉图 将人事哲学时期的思想融合成一大组织，

亚里士多德 将德谟克利特与柏拉图的思想融合起来成一大组织。

我们按着这三个线索去听他们的哲学新戏，自然会得着他们的要领。

第一日
听德谟克利特的组织哲学戏

朋友们！我们今天要到那著名的愚蠢乡阿布德拉(Abdera)的大舞台,去听德谟克利特的“原子”哲学戏。我们应当回忆在第一次旅行的时节,看着米利都学派要的活动的一元宇宙,到了埃利亚学派的手里不是变成了一个完全不动的实体球吗?不错！这是第一时期极端的一元宇宙的把戏,到了恩培多克勒的手里,便把一元的宇宙打破了,裂而为地、水、火、气四元素,于是多元的宇宙新戏就从此开演起来。又到了留基伯的手里,硬把埃利亚学派要的整个不动的宇宙抬动了,而且将它向空中一掷,打得粉碎,变成了无数的原子。他虽曾把粉碎的原子重新配合起来,还原了一个新宇宙,享受了原子宇宙的创造者的盛名;可惜他配合得不完全,后来幸亏出了这位德谟克利特能手大匠,将那些粉碎原子有条不紊地配合起来,施以很巧妙的组织,到第三时期方才完成一个原子的新宇宙。这位德谟克利特先生收束了第一时期宇宙哲学的工作,告成了第三时期组织哲学一个系统的大功,开辟了后世唯物的宇宙论的先河,其功可谓不朽。此刻阿布德拉舞台快开演他的戏了,我们就此去听吧！

独幕　德谟克利特

表白一　老夫德谟克利特（Democritus，460 B. C. —370 B. C.）比元素论的恩培多克勒年少三十五岁，比种子论的阿那克萨哥拉年少四十岁，比人事论时期的哲人的泰斗、唱绝对唯觉主义的普罗泰戈拉小二十岁，比原子论的创始者留基伯也小三、四十岁的光景，老夫的学问受他们的益处很多，尤以受普罗泰戈拉与留基伯的影响为大，因为老夫生在阿布德拉，普罗泰戈拉与留基伯皆是老夫的乡先辈。普罗泰戈拉未到雅典以前，他也是我们原子论学派的一分子，后来他到雅典以后，思想变迁，学派也就不同了。老夫深有趣味于他的知识论，更从他得闻一二哲人的学说。留基伯更是老夫的原子论的先导，这是老夫的哲学思想的大概来源。

表白二　老夫曾漫游埃及同波斯近旁，为异乡的客有五年之久，后来归还故乡讲学时，已达四十岁了。老夫喜究物理、数理、天文、地理、生理、伦理等学，此外如音乐、绘画、诗歌，乃至兵法、医术，都喜欢涉猎，颇受乡人的称誉。关于此类的著述也很不少，可惜后来都被失掉（纪元后4世纪失掉的），只剩下一些片断的文字了！老夫所以博学的缘故，非徒务广好博，实欲泛览前言，广涉各科，以求融会贯通，组织成一有系统的学问，老夫的安身立命之地也就在此。

哲学开演　老夫的哲学把戏今日分十一段演述；①原子论的根本思想，②原子的性质，③原子的分量，④原子的形状，⑤原子的组织，⑥原子的运动，⑦世界的构造，⑧原子世界在感官上差别之由来，⑨生理说，

⑩知识论，⑪伦理说。

(1)*原子论的根本思想*　老夫的根本思想不外是留基伯的思想的继续。在他开创的原子的宇宙论中可以寻出一句总括的话来："无数的原子在无限的虚空中运动。"这个根本思想与埃利亚学派的"有"说，恩培多克勒的元素说，阿那克萨哥拉的种子说，毕达哥拉斯学派的数论，有什么关系？有什么异同？听过他们的戏的人很容易比较得出。现在单说老夫也持这个根本思想的见解。

原来宇宙的存在不外是"实"与"空"的存在：实即是"有"，空即是"非有"；"有的存在并不优于非有"，即"空的存在并不劣于实"，两者均是真正的存在。空即是非有，何以见得与实均属存在？因为实本来能运动，要是空不存在，实体自碍，如何能运动？老夫此说后来经亚里士多德解释得很明了："物体的运动要虚空：凡生物之长成，物体的厚薄，都离不掉空虚；投灰到充水的器中，见着那水不溢出，就是表现其中有虚空的存在。"老夫死的时节，亚氏方到成年，后来他的造就非常，真是后生可畏！

刚才说的与"虚空"共存在的"实"，即与"非有"共存在的"有"，拿来与埃利亚学派所说的"有"互相比较。埃利亚学派的"有"，是唯一不二的，是不动的；老夫所说的"有"，是无数的，是本来运动的。讲到不生不灭的本体的不变性却又是相同的。可以说，老夫们原子论派的"有"，也就是埃利亚学派的"有"被打碎的粉末，所以我们呼它叫作原子。这儿所说的很略，不过提明我们原子论派的根本思想罢了，其详细待以下依段说明。

(2)*原子的性质*　原子的性质有三：(a)平等无差。各个原子的存在同在充实之一点，性质上统统平等无差别，与恩培多克勒的元素、阿那克萨哥拉的种子大不同的。(b)不生灭变化。原子的存在不有始来，不有终去，故无生灭；不从它来，不变它去，故无变化。换句话说，原子之所以存在，是无始无终，自体本然，没有新陈代谢，常常保持着平等无差的自性。(c)自然运动。原子在空中游行飞动，此原子与彼原子相附着，便发生聚合体；甲聚合体与乙聚合体相遇着时，或吸引而成更大的聚合，或冲突而离散成更小的聚合；大宇宙当中有无数的小宇宙生灭变化，都不过是这个道理。

(3)原子的分量　原子的分量很微小，肉眼看不见的，也不能分割的。因为原子就是与虚空共存在的实，也即是充实的有。有的自体不容非有，就是不容虚空；不容虚空，所以不能分割；若能分割，那就是能容虚空，能容非有；岂不是同一的自体既已为有，同时又为非有的矛盾吗？所以原子聚合的时候只是互相附着，并不是互相混入。因为不能分割的缘故，有使它体不能混入的障碍；又因为自体是有，不是非有，所以没有虚空使它原子混入。

(4)原子的形状　原子的形状有千差万别无数的种类，宇宙间所以有森罗万象的缘故，就是由于这形状不同的原子配合而成。不然，原子的性质是平等无差别的、不生灭不变化的，怎样能够生出形形色色无数的小宇宙来？（德氏说原子相异之点在形状，有时又特提大量及重量以说原子的异点，似乎形状的意义即专指分量而言。）

(5)原子的组织　原子的组织有精粗的差别。越精的越圆滑，越容易运动，聚合而成物体越有光辉。火的原子就是这种最精细光滑的原子。

(6)原子的运动　原子的运动是原子自身的本性,从无始来就是这样,所以说是必然的机械的运动。这种运动的必然性(Heimormenê)的别名,叫作运命(Anagke)。原子的自身何以有此必然的运动呢?因为它的自身有若干的重量,自己从空中下落,因而就运动起来。

(7)世界的构造　原子运动激烈的时候就起漩涡运动,那相类似的原子就互相聚合,大而重的寄在中央,小而轻的寄在周围;因此成了一团体,就造成一新世界。空间是无限际的,散布的原子也是无量数的,所以聚合的团体形成的世界自然也无量数。我们俯仰的天地不过是其中之一,如是形成的团体,或被驳入更大的团体中而为一部分;或二团体相冲突以致两皆破坏。所以各世界增减伸缩,终无毁灭之期。

我们俯仰的世界之太初,因为旋动的缘故,那寄在周围的物体恰如世界的外壳,包卷其全体,大地就是寄在中央的物质。那火质、空气等类的物质,原来都是从大地腾上去的,其物质的某部分凝结成了个个儿的块,当初虽是黏泥的状态,后来被风吹动,运动迅速,遂至干燥发火而成天体。

大地的形状恰如圆盆,被空气支着。月球与大地相似,表面上有山岳,这是阿那克萨哥拉早观察到的。老夫的见解与他相同。其他关于日食、月食、银河、彗星等的说明也是同安氏①一样。

(8)原子世界在感官上差别的由来　原子除形状之外,纯然平等无差别性,何以它们聚合起来所成的物体能够发生色、声、香、味、触等等性质上的差别呢?其中有两大缘故:其一是由于客观的,即关系原子配合

① 原书译为“安纳沙”,故此处“安氏”即指阿那克萨哥拉。——编者注。

的空隙是否平等！详细说来，就是总量相等的原子聚合所成的物体的全部分，要是空隙的分配平等，那么，其体虽密而软；反之，若不平等，那就虽疏而硬。物体的重同着体质的密成正比例。譬如铅比铁软，但是它的体密，故比铁重，所以物体的硬软、疏密、轻重、大小皆关于原子的配合怎样。其二是主观的，即关系于我们的感觉。譬如色、味、寒、热等的差别就只是关于因外物而起的五官的状态。这主观的说明不算是老夫的创见，因为老夫的同乡普罗泰戈拉早已有此发明。

(9)生理说　关于生物的研究，老夫对于人类的心情作用特别地感触有兴味，觉得心情的种种作用在身体上各有其所。脑为全身的主宰，即思虑之所；心脏为忿怒之所；肝脏为欲念之所；灵魂是依生物活动的东西，其质圆滑易动，就是从有火气的原子成的，散布在周身全体，它的体质微而易动，遇着空气入于体内的时节，灵魂原子有被压出体外的忧虑，所以呼吸有两种工作，防御灵魂原子的散失：一是以吸入的空气来抵抗体外的空气，防其侵入；二是从吸入的空气获得新鲜的灵魂原子，以补充从体内流出的耗失，空气中有很多的灵智存在，我们可得吸入体内。凡物有热气，就有生气、有灵魂、有智性。此神妙的灵智弥漫全世界，没有一物不住在灵魂之中。灵魂的原子要是完全离散，就发生死的状态。睡眠与气绝就是起因于灵魂原子的减少。人们的灵魂终究虽要离散，但是它于人们的关系有很贵重的价值，肉身不过是盛灵魂的器皿，所以我们为着灵魂劳心，胜过于为肉体。

(10)知识论　一切感觉都是从外物触于五官而起，所以种种的官感不外是触感的属类。我们感觉物的时候，好像似隔着空间，其实是因为从物发出的微部分来触到五官，然后才起感觉，所以在起感觉的时节，须得有从外物发出的原子以几分之量及强度来与五官接触;因为接触的缘故,动了灵魂原子,方才发生感觉。视觉之起就是由于外物的影像印于空气,再由空气相传压于眼睑而达于灵魂,于是乎有视觉。梦幻也是从此影像的作用生出来的。我们从远处看物,觉得朦胧不清楚,就是印象在途中被搅乱的缘故。

五官的知觉并非外物的真实相,不过是外物触于我们的五官的状态罢了。换句话说,五官的知觉是主观的,不是不变不易的外物的真实相。我们只有依着理性的作用方能得到真实的知识。理性的作用不外灵魂原子的运动。因其运动,使灵魂发生出正当的温度,所以理解事物正确;若过寒过热,就不免要生出谬见。理性使我们看着物的真相;官觉使我们看着不确的外貌(理性与官觉的区别,巴门尼德、恩培多克勒已开其端)。

(11)伦理说　老夫对于伦理上的见解也是本于原子论的根据。因为伦理上的目的在人生的快乐,快乐的种类有真正的幸福与肉欲的快感之区分,其根本的不同处不外是原子运动的结果。属于理智的原子是精细的,运动极温纯,极和平;感官的原子是粗糙的,运动极狂躁,极鲁莽。人类活动的目的全靠着理智的原子运动,所以真正的幸福不在肉身,唯在心之德,即在心的平静。平静的心恰如平静的海。感官的原子运动容易扰乱理智的和平,常常至于爆裂。人们欲避爆裂的害,不可不助理智的原子运动,不然,那感官的粗糙的原子运动厉害的时节,便要做不义的行为。做不义的行为的人比那受不义的行为的影响的人还要不幸。

终演　老夫的原子论的把戏是很明了的。简单地说来,不外下列的十一个断定:

(1)无限的空间有无数的原子;

(2)原子的性质,平等无差,不生灭,不变化,自然运动;

(3)原子的分量不可分割;

(4)原子的形状(大及重)千差万别;

(5)原子的组织有精粗;

(6)原子的运动是机械的、必然的;

(7)世界的构造由于原子的离合;

(8)世界的差别相,除开起于原子的形状外,都起于人们的感官;

(9)人们的生理有精细圆滑的灵魂原子最多,所以有理智;

(10)人们的知识得于感官的多谬见,得于理性的为正确,因为理性的作用是灵魂原子运动;

(11)道德的价值,在真正的幸福;真正的幸福,在内心的平静;内心的平静,在理智的原子运动。

听后的回顾 朋友们!我们听了德谟克利特的哲学戏,觉得他的法门井然有序,首尾一贯,守定纯然的、机械的说明,在古代希腊多元的宇宙论中要算他为特色,实为近世唯物的机械的宇宙观的先导。他网罗诸种的学科,各派的学说,灿然成一大组织,希腊初期的宇宙哲学到此达于光辉的极顶。

却是他的学说中也有一个根本的难点:他说世界所以有差别相的原因,除开起于客观的即原子的形状差异而外,凡色、味、寒、热等性质,都不过起于主观的,即人们的感觉上的差别。但试问这主观的感觉机关从何物而成?据他的说法,也不外是一种原子。然则无论内外客观主观的物,皆不外是平等无差的原子的聚合物。虽说原子的组织有精粗之别,如何以本来无色、味、寒、热等性质的原子所成的感官，接触本来无色、味、寒、热等性质的原子所成的外物，而能生出色、味、寒、热等的感觉呢？这个问题是很不容易解释的。我们且将今日所听到他的学说的最要点表列于下，明天又要到雅典府的郊外游阿卡德米（Academeia）的林园，览文艺女神（Muses）的宫殿，瞻仰希腊学术界之花（柏拉图）。

<table>
<tr><th colspan="7">德谟克利特的组织哲学</th></tr>
<tr><td colspan="4">宇宙论</td><td colspan="2">人事论</td><td rowspan="5">系统的
原子论
（机械论）</td></tr>
<tr><td colspan="3">宇宙本体</td><td rowspan="2">万物之由来</td><td>知　识</td><td>道　德</td></tr>
<tr><td>数</td><td>体</td><td>性</td><td rowspan="2">理性的理解</td><td rowspan="2">基于理智的幸福</td></tr>
<tr><td rowspan="2">无数</td><td rowspan="2">原子</td><td>平等</td><td>异形状的原子</td></tr>
<tr><td>不变</td><td>聚合离散</td><td colspan="2">均起于灵魂的原子的运动</td></tr>
</table>

第二日
听柏拉图的组织哲学戏

朋友们！我们快到阿卡德米林园去听柏拉图的哲学戏吧！为什么到那里去听呢？因为这阿卡德米林园是雅典府近郊外的一座花园，是一位急公好义的人，名叫阿卡德米捐给公众做体育场的，其中的树木不少，以橄榄树为最多，并且有寺院、有雕刻物，很是一个幽雅的地方。柏拉图先生有块祖传的小地在这林园的旁边，后来他在这里开设学园，研究哲学，并且建了一座文艺女神的宫殿，设祭典以表示崇拜文艺的精神。到他死后，他的学徒们就在那儿建立他的铜像以做纪念。今天正逢他们举行祭典纪念学祖之日，所以要装演柏拉图的哲学戏。

我们要听他的哲学戏，先要知道他的哲学思想的一点来源，方能懂得它的妙处。他是那位青年的恋人苏格拉底的学生，受苏氏的人格的感化特别深厚。苏氏的知识论、伦理说及政治与艺术的理想都深入于柏氏的心。柏氏的学问很渊博，希腊宇宙论及人事论两时期各家的学说都有很深的研究。结局他以苏格拉底的学说为根本，更融合苏氏所反对的哲人的学说，组成他自己的学说的中干；而且吸收赫拉克利特、巴门尼德、阿那克萨哥拉与毕达哥拉斯等的学说的精华，来做他的系统哲学的肥料。所以在他创设的学园中开了希腊哲学界的稀世之花。

第一幕　柏拉图

表白一　老夫柏拉图(Plato,427B. C.—347B. C.)，今年两千三百五十一岁，生于雅典贵族之家，父名阿里斯通(Ariston)，祖名亚里斯多克勒斯(Aristocles)。幼时以聪敏获家庭之爱，故承祖父之名，也叫亚里斯多克勒，后来改称柏拉图。对于美术、音乐，从小爱好，尤爱诗学。当初从克拉底鲁(Cratylus)先生，得闻赫拉克利特的教义；年二十师事苏格拉底，深佩服他的人格与学行；不幸在其阁下仅仅八年，吾师遂遭毒害。自此以后，与学友欧克里德(Eukleides)同离雅典，赴麦加拉，因得窥见埃利亚学派的学说。欧氏留在此地，创立学派。老夫不久又赴西林、埃及等地漫游，此行合计不过四年在外，仍就归回故乡(纪元前395年)从事教育，开始著作，时年不过三十二岁。又经过四年的光景，开始作意大利及西西里之游，在南意大利得交毕达哥拉斯的学徒，因而得着他们学派的门径；及到叙拉古(Syracus)与狄奥尼西奥斯(Dionysius，叙拉古的暴主)的义弟狄翁(Dion)相友善，因他的介绍，老夫遂欲在此实现政治上的理想。不料批着狄奥尼西奥斯的逆鳞，将老夫当作俘虏交与斯巴达的使者，送到伊奥尼亚(Ionia)的奴隶买卖地；幸而遇着老夫的朋友将我赎回，方还我的自由。此行又耗去四年光阴。老夫归回雅典(纪元前387年)年已四十，遂在雅典城外创立学园，纠合同志，从事哲学的研究。

表白二　老夫回到雅典度学园生活，本已无心于政治，后来因狄奥尼西奥斯死了，其子小狄奥尼西奥斯继揽叙拉古的主权，老夫被他的叔父狄翁劝诱，又感着当时希腊各地政治的败坏，自己怀着一种救世的理想，于是再游西西里，到叙拉古，以为辅佐小狄奥尼西奥斯可以实现老夫的怀抱。不卜这第二次之行，所言不合，仍旧是一番梦幻！只得再归雅典，与同志讲学。受了这两次的大经验，以后虽觉着政治社会的艰难，不胜感慨，但此心仍是不死，以为要图社会道德的完成，非以政治的力量造成正义的社会，不能收敏速之功，所以后来为调和狄翁与小狄奥尼西奥斯的意见，老夫复第三次踏西西里之地（纪元前 361 年），顺便再将老夫的政治理想输入他们。谁知理想事实常相抵牾，此行不但又无成功，而且几乎陷于小狄奥尼西奥斯的虎口。这不但足见他父子二人虎狼成性，不足与谋，亦足见当时一般有权势的皆是如此。幸而毕达哥拉斯学徒在当地颇有势力，因他们的援救，始得脱险。这次归还雅典，始下决心与政治断绝关系，专心从事于著作与教育，时老夫年已六十六了。此后十四年间，续过学园生活，到八十之年，方才安息于永眠之乡。

表白三　老夫教授青年，虽然效法老师苏氏的模范，用对话的方法，但也有些地方不同。他老先生喜欢随时随地因人说法，以通俗的讲话善诱人家自己开发；老夫以为哲学只是学者的事业，所以喜欢专与同志在学园谈论讨究。老夫的著作，概用对话体；文章的结构，用剧诗的形式颇多；内容所记录的，以平日与同志所讨论者为骨子，当中常假设老师苏氏为论坛上的主人。老夫祖述师说，吐露自家的见解，朋辈中称许老夫的文笔雄浑庄丽，为文学上的妙品。其实老夫并非有意作文，只因幼好读诗，故不觉随心应手。

表白四　老夫生存的期间八十年的生活，在学问上值得纪念的，大

致可分为三个段落:

第一段 是二十八岁以前学生生活时期　在此时期之末,最足痛心的事是苏先生的死。最后的八年中,朝夕受苏先生的教,所以在此时节老夫所著的对话集,都不过是陈述苏先生的学说。如 *Lysiu*,论友谊;*Laches*,论勇敢;*Charmidea*,论节制,都是本着他的题目,陈述他的教义。到他死后不久,又作了 *Crito*,记苏氏之信任法律;*Enthryphro*,述苏氏的真诚;*Apology*,述苏氏临刑前的辩护,都是为他老先生辩护而作的。

第二段 是二十九岁至四十岁游历生活时期　此时期内麦加拉、西林、埃及等处之游,花费四年功夫。归乡后做了一些反对哲人的文学,又度了四年,方才游意大利、西西里等地。此行于老夫的学识发展上很有重大的关系,因为在南意大利受了当地毕达哥拉斯学派的影响不少,到叙拉古失败以后,归还雅典,开办学园,此时期合计十二年,其间所成的对话集大约分为两部分:一部分是反对哲人的,如 *Protagoras* 是批评哲人的道德论;*Gorgias* 批评哲人的修辞学;*Euthydemus* 批评哲人的辩论;*Crotylus* 批评哲人的言语学;*Theaetetus* 批评哲人的知识论;*Republie* 批评哲人的政治上的自然主义(只成第一册,专论正义)。其他一部分是 *Meno*,发展苏先生的知识论,初尝试建设自己的学说。

第三段 是四十岁到八十岁学园生活时期　此时期内虽复到西西里两次,都历时不久,就回到学园讲学,所成的著作大都是老夫自己的学说。如 *Phaedrus*,记述老夫怎样开创学园的经过;*Symposium*,解释自己对于"爱"的主张;*Repubilc*,接续前期的第一册,完成理想的共和国;*Politicus*,讨论政治家的知识与行动;*Philebus*,论善的观念的成分;

Timaeus，论物质的宇宙的概念；最后的著作是 *Laws*，论法律[①]。

哲学开演　老夫的哲学思想的大眼目，是从深处看取苏老师的学说全体，更入眼到自泰勒斯以来希腊各家的学说，摄取其中的主要思想，融会贯通，组织成一个新系统。现在先说苏老师的学说的深处藏着的主要精神是什么？就是与哲人们的知识怀疑论相对立的知识确实论，而且他的知识确实论就是他的道德根本论。老夫对于这个主要精神是完全承继的，所以有人呼我叫苏格拉底的完全学徒。其次再论摄取各家的主要思想一层，只举一个重要的例来说（其他让在后面再说），就是哲人们的知识怀疑论本来与老师的知识确实论是对立的，好像不相容的，但在老夫也承认它有相对的价值，与老师的学说可以并存而不悖。怎样说呢？因为有两种知识的对象。一种是感觉的对象，一种是理想的对象。感觉的对象是指物质的世界而言，理想的对象是指精神的世界而言。物质的世界，即是转化的现实界，所以感觉的知识是不定的；精神的世界，即是不变的本体界，所以理想的知识是确实的。因此，老夫觉着怀疑论与确实论皆可以并存。以上不过略述老夫的哲学思想的大眼目，做一个开端。要将老夫的思想的全系统重行仔细地说来，虽然有趣，却也很难，因为老夫当日著对话集的时节，胸中虽然有了一个系统存在，却不曾精细地分门别类地顺序排列起来，多半将当时所想到的一一用对话体记上罢了。所以老夫虽然说得很明白，恐怕阅者有些难懂。幸亏老夫的得意门生亚里士多德，后来他将老夫的学说全体分别成三部分：

---

① 注意：柏拉图的对话集一共三十五册，而今全部存在，还是他一生的作品，差不多花了半世纪的功夫。历来研究柏拉图的学者，对于对话集中的真伪及各册作品的先后，都认为是很重要的问题，议论分歧，莫衷一是。以上所举的例及次序，是根据□得而班的考证。——作者原注。

(1)辩证学说(Dialectic);

(2)物理学说;

(3)伦理学说。

为方便说法计,老夫今日不得不照着他的区分来讲演一番:

(一)辩证学说　老夫的辩证学说与当时一般所习用的大不相同,因为一般所习用的辩证法只是重在论理的规律,如用矛盾律去攻破论敌的谬误之类。老夫的辩证说有两个特征:

其一是得概念的知识(苏格拉底所谓的真知识)的方法论,此方法从两部分而成:一部分是苏老师使用的归纳法,就是从数多的特殊事物看取其中普遍的真相,形成概念的方法。其他一部分是老夫自己创设的分类法,就是从一个普遍的概念考察其中各个特殊事物的概念互相的关系及上下的关系,由此使概念的形成更进一层精确。举个例来说,譬如生物之一概念,包含动物、植物两概念。苏师的着眼,看取动物、植物的普遍相,因而得生物之一概念。老夫的注意,由生物的普遍相看取动物、植物的特殊相,因而明白动物与植物的关系,动物不是植物、植物不是动物的所以然,以及植物或动物对于生物上下属的关系,两者皆是生物。要而言之,苏师所论的方法是从个个的事物向概念的上方进行,老夫所论的方法是从概念向个个事物的下方进行,这是老夫的辩证法的第一个特征。

其二是概念的知识的对象论,这对象叫作形相因(formal cause),又叫作观念(idea),与知觉的知识的对象不同:知觉的知识的对象,是事物的变易不常的假相;概念的知识的对象,是事物之常住不变的本质。老夫的辩证学说对于概念的知识,除开注重上段说过的方法论而外,更注重在本质论，这是第二特征。因此二个特征的缘故，苏老师的概念论到老夫的手里就变成了观念论。观念论是老夫的哲学思想最紧要的部分，现在分为下之六项逐序讲演：

(A)观念论之由来；

(B)观念的意义；

(C)观念相互的关系；

(D)观念与人们心性的关系；

(E)观念的数目；

(F)观念与现象界的关系。

(A)观念论之由来　要问老夫的观念论之由来，须知有根本的四个要素：一是苏老师的概念论；二是普罗泰戈拉的知识论；三是埃利亚学派的实有论；四是赫拉克利特的流转论。老夫何以采择这四个要素来做观念论的基础呢？因为据老夫的观察，见着普罗泰戈拉所谓的感觉的知识，不外以赫拉克利特所谓的变化流转的世界为对象；苏老师所谓的概念的知识，不外以埃利亚学派所谓的实有不变的世界为对象。这两个世界，老夫认为是并存的：一个是实有界，一个是生灭界。生灭界就是感官的对象的物质世界，是变化无常的，所以找不出绝对的真知识来；实体界就是理智的对象的理想世界，是常住不变的，所以为真知识的所在地。老夫的哲学把戏就是拿着这两个世界来对耍。所以名为观念论的缘故，一则是别于苏老师的概念论。概念论是知识的上行法；观念论加有知识的下行法。再明白地说，老夫的观念是无数的“苏老师的概念”。二则是与普罗泰戈拉的唯觉论相并立：唯觉论只承认生灭界，观念论并承认实有界，实有界又叫作观念界。

(B)观念的意义　老夫略言观念的意义,从论理方面解释:观念是显示事物的普遍性的类概念,与知觉(即臆见)相对立。从形上学方面解释,观念是超越生成变化的恒常不变的本质。所以观念是感觉以上的、无形体的,使个个物成为一种类的,即是普遍的、统一的、常住不变的,它虽然对于个物的多而为一的存在,却与埃利亚学派的抽象的一不同。因为埃利亚学派的一只是唯一,没有与之相对的多,观念因事物的种类之多,观念亦从而多,由此观念的相互关系可得说明了。

(C)观念相互的关系　观念有同列与上下的关系。同列的观念相互保持自他的关系,各对于自己为“有”,对于他为“非有”,如植物与动物为同列的观念,植物之所以为植物的特殊性,动物没有;动物之所以为动物的特殊性,植物也没有;所以各同列的观念对于自存虽为“实有”,在同列的他之观念为“非实有”。至于上下从属的关系,因为观念与观念相结合,形成我们的概念的知识的缘故,下位观念从属于上位观念而为普遍的实有。譬如植物、动物的观念结合统一而入到生物的观念中,植物、动物皆是生物,保持这种同列上下的关系就是观念上的组织,有这样的组织的观念界,就是实有界。

说到这点,有句话要特别郑重声明的:老夫的观念论的发展,前后有不同的见地,这本来是学问的进程,许多人都常经过的。就观念相互的关系的见解,当初老夫只重在论理的追求观念间的同列与从属的关系,后来觉着只是这样研究不满足,于是另发现一种新见解。这种新见解是什么呢?就是在一切观念中找出一个极有价值而为一切观念的标准的观念来,这个观念就是善的观念。善的观念与一切观念都有关系,但与以上所说的同列与从属的关系不一样,因为它与一切观念的关系只在为一切观念的绝对目的之一点。换句话说,善的观念给一切观念以价值;一切观念有了善的观念的价值,始为真实的存在。就这一段所说过的看来,老夫的观念论起初由论理的眼光出发,后来归到伦理的立脚地(目的论),以下各段都是如此。

(D)观念与人们心性的关系 老夫所谓的观念的意义,再简单明了地说来,不外是显示事物的真实相的类概念。事物的真实相不能据生灭界的个个事物看出,只在各个事物的普遍性质的类概念中表现;所以事物只是概念的影像,观念是事物的原型,又可说观念是事物的原本,事物是观念的摹本。所以观念的知识不以事物为根据,别有心理的动机;因为人们的心性本来具有观念的知识,只是潜在心底等于忘掉的一样,要到与事物接触方才再行想起。苏老师教人,并不曾给人以新知识,不过帮助人家自己产生知识,也就是唤醒人家自己想起心底潜在的、忘记了的知识罢了。由此说来,人们的心性原来具有观念的知识,不过忘记了,一遇着事物的接触便发生想起的机缘。可见人们的心性有想起观念的倾向,即是有求慕观念的心。由此可见,人们爱慕善和美,也是存在这个心性。老夫的恋爱论(Eros)的根本思想也就在此。老夫以为慕美的心有两阶段:下等的阶段,就是爱形体美的心,即俗人所谓的恋爱;高尚的阶段,是欲发现真善美的研究心,哲学之所由起,就是基于此高尚的恋爱。

(E)观念的数目 老夫在前面曾经说过,观念是使个个事物成为一种类的类概念,是普遍的、统一的。但是与埃利亚学派的"一"不同,因为事物的种类为数无限,所以观念的数亦无限;宇宙间有多少事物,事物有多少性质,语言文字中有多少普通名字,便有多少观念。譬如,粪土有粪土的观念,大小的关系有大小的观念,丑恶的性质有丑恶的观念,但这是老夫当初的见解。后来觉着这种说法不对,因为这样一来,什么都是观念,便什么都是真实的了,岂不是现象世界与理想世界都成一个真实世界了么?老夫既是承认两个世界并立,所以观念的数目不得不有所选择了。于是在当初以为无数的观念中立了三个标准去选择,合得上的方才认它是观念。三个什么标准呢?一是价值标准,如“善”和“美”;二是与自然物一致的观念;三是算数关系的观念,如一、二等。

(F)观念与现象界的关系　要知观念与现象界的关系,分为三层说明:①个个物参与于观念;②观念往来于现象界的个个物;③观念为现象界的目的。

试问现象界对于实有界(即观念界)为非实有的世界,这非实有的世界当中,怎样能现出个个的相来?这一个问题,老夫的答案:第一层就是说个个物参与于观念的缘故。怎样叫个个物参与于观念呢?个个物形成观念的一部,观念统合个个物,所以个个物不能现观念的全体,唯观念完全统摄个个物的总相,因此个个物之所以能现相,就是为参与于观念的缘故。这两者的关系是原型与影像的关系,即原本与摹本的关系。观念是原型,个个物是影像;观念是原本,个个物是摹本;影像是变的,原型是不变的;摹本是不定的,原本是定的。举个实例来说,花草树木生长繁荣的法则是不变的,是有定的;花草树木却是变的,是无定的。

第二层,又怎样叫作观念往来于个个物呢?因为个个物参与于观念,观念也就在个个物中;但是个个物流转变化,不能常住于观念,所以观念时去时来。当观念来住于某个物时,则某个物的相便现,去时则某个物的相便没，所以叫作观念往来于个个物。

第三层，怎样说观念是现象界的目的呢？以上两层是从论理上说明观念世界与现象世界相互的关系，即说明事物的存在，因为参与于观念；观念的存在，因为表相于事物。无异说事物在观念中，观念在事物中。所不同之点，就是观念中现事物的原型，事物中只现观念的影像。这两个世界的关系虽然如此，老夫当初的见解也不过从论理上说明如此罢了，并不曾将观念世界看作现象世界的真因（与目的同义），后来觉着现象世界的存在非用观念去解释不妥当。怎么说呢？真实的存在只有观念世界，现象世界的存在还要靠着观念。观念是不变的，现象是无常的。无常的现象之所以存在，必有一个真因，即最后的目的。它的生灭变化不过是达此目的的手段。然则它的最终的目的何在呢？就是在参与于观念，所以观念是事物的实现的目的，观念世界是现象世界完成的目的。再进一步说，最高的最有价值的观念是善、美的观念，所以现象界个个物存在的真因，就在善、美的目的。此目的就是观念，就是理想，就是现象的诸事物生生灭灭的环因。

辩证学说的终演　就以上各段看来，可见老夫的辩证学说就是观念论，也可说是知识论。现在提出各段的要点表列于下①，做辩证学说的一个总结束，以便续演老夫的物理学说。

（二）物理学说　关于物理学说，在老夫的哲学把戏中不算是主要的手法，因为应学生们的要求，同着老夫的知识论与伦理说的关系上，也

① 表见第160页。——编者注。

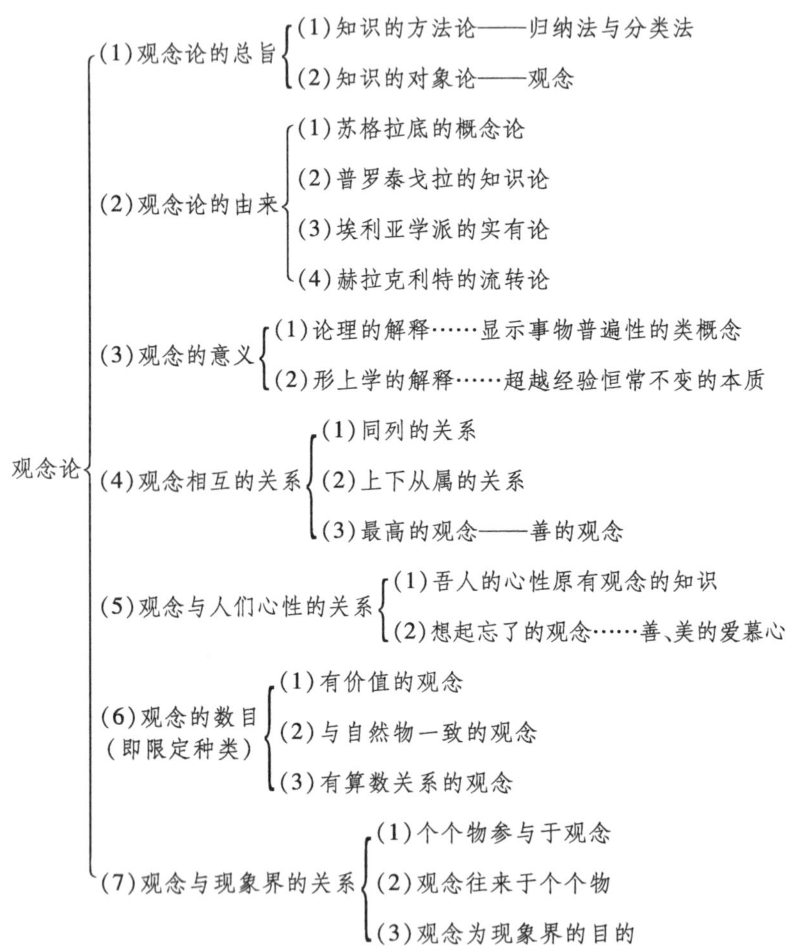

不能不耍它一耍。你们莫怪老夫耍得不明了,因为生灭变化的物世界本来不是明了的知识的对境,明了的知识的对境唯有观念界。所以物理的研究只能达到或然的知识,不能达到普遍必然的知识。现在且分着四项说个大略:

(A)造物主　世界最初有一位造物主(Demiurge),他拿了无定相的非有,同着万有的模型观念结合起来,创造了“万有之灵”。这万有之灵为一切物的生气及精神的根本,即是形造一切物的活动力。①

(B)天文说　万有之灵,先造地、水、火、风的四元素形成天体;渐次造其他有生之物而形成万物。此灵弥漫宇宙,为到处的秩序的本原。世界的形是圆的,所以能回转的缘故,就因为有此灵。世界的外围为恒星之天,下位有五个游星和日与月相伴着回绕地球的周围。地球是球形,居于世界的中央。

(C)物体的构造说　万有之灵,从数理的关系活动,所以地、水、火、风虽然是以平面相重而成的,但是因为其平面之形与大及其相重的数,生出四种的差别来。火是三角形的四面体;地是正方形的六面体;风是等边三角形的八面体;水是等边三角形的二十面体。老夫的物理论大概根据于毕达哥拉斯学派的学说。

(D)心理说　老夫对于心理的根本思想,以为不外是一方党同于观念而一方又附结于形骸(非有)的精神。因为凡自然界有生气的及有意识的现象,都不外是万有之灵的活动。尤其是人们的精神,为此灵所充满。但是此灵并非纯粹的观念,已经参与于非有,所以心理就是党同于观念而附结于形骸的精神。②

(三)伦理学说　老夫的伦理学,即根据老夫的心理说做基础,因为

---

① 注意:柏氏所谓造物主之说,好像是一段神话,但是与基督教所谓的上帝绝不相同,因为他不过表明万有的活动力之所由来,以完成他的目的论,即理想论的系统罢了。并且此说的来源不外自阿那克萨哥拉的灵智说。——作者原注。

② 注意:柏拉图所谓的“非有”,解释极不明了,哲学史家亦各异其说。唯按之柏氏的学说,受埃利亚学派、毕达哥拉斯学派以及普罗泰戈拉等的学说的影响,含有“无限”“虚空”“无定相的物质”等意义。——作者原注。

人们的灵魂占着有(观念)与非有(形骸)的两方面,而为一切道德的出发点。人们的心理作用不外是灵魂的活动,所以伦理学说的基础立在心理学的上面。现在分为下之六项说明:

(A)灵魂说;

(B)伦理的两方面;

(C)幸福说;

(D)善与爱的学说;

(E)四种基本道德;

(F)国家论。

(A)灵魂说　我们的灵魂通生前死后现世都是存在着的,所以不同的地方,不过在生前死后离开肉体而存在,在现世寄宿于肉体罢了。何以说生前存在着的呢?我们可以拿观念的知识来证明:观念的知识并不是全由我们生后新得的,大半是我们的心性本来赋有的。人们不察,往往认为是生后新得的,其实不过是本来的忘记掉,再行想起罢了。由此可见,我们的灵魂生前是存在着的。何以说死后也是存在着的呢?我们也可以用同样的证明:人们的心性所以对于忘记掉的观念能够想起,可见人们对于观念有求慕心,但是人们在现世要想达到完全的观念世界,那是不可必得的事情。因此,要想圆满地全其人们的心性,就不能否认死后的存在。这就是说人们对于观念的求慕无已时,所以灵魂的存在也无已时。何以在现世灵魂寄宿在肉体呢?因为灵魂这件东西,本来不是纯粹的观念(实有),多少与非有参杂,所以有被引到物界的倾向;此倾向很强的时节,灵魂就堕落寄宿于肉身。人们若在现世追慕观念,多积善念,多积善行,死后仍可得还于更高等的存在,否则积恶愈重,只是做些卑劣的生活，那死后更要堕落。

灵魂寄宿在肉体里的状态有两个方面：①是向理想界的方面；②是向物质界的方面。向理想方面的很自由，为纯粹的理性；向物质方面的被束缚为身体的生气。所以人们的灵魂当分为尊卑两部分，即理性的与非理性的。非理性的部分更分为上下两类：上的是意志，下的是物欲。其关系如下表：

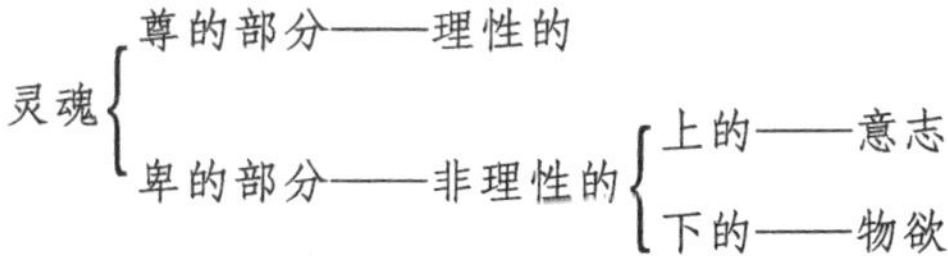

（B）伦理的两方面　我们的灵魂即兼有尊卑两部分，我们的伦理的途径，显示分为两途：①是上进的，就是观念世界的方面；②是堕落的，就是现象世界的方面。我们应当向着上进的目标进，离着堕落的方面远。总括来说，人们的伦理的真意义，在脱离形骸的羁勒，努力观念的实现，以达到调和优美的生活。所谓脱离形骸的羁勒，并不是厌弃肉体，抛弃现实，不过说人们在形骸的生活中，当努力使观念实现，不要受他的束缚罢了。

或许有人听着老夫的伦理的两方面的话，要误会老夫是主张出世思想，倾向观念，否认现实。其实老夫当初的见解，固然不免有此倾向，后来思想进步的结果，也承认现实有相当的价值，不能完全否认的。不过看定了理想观念的世界是改造现实社会的标准。老夫在《理想国》（*Republic*）中曾有很明了地譬喻说："世上的人们譬如囚在山洞之中，背遮着灯,面向着壁,眼睛只见着壁上的影像,看不着实在的东西;一朝解放出洞,骤然遇着强烈的光,还是不能与实物接触,必要先由月下观物,然后渐渐地在日中看到事物的真象。洞中的影像,就是现象世界;洞外的天日,就是本体世界。能够出洞来观天日的,只有以理性为主宰的人,即是哲人。哲人出洞之后,又复入洞,去告诉其他的洞中人,打破他们的迷梦。要是人人都出了洞,那光明的、理想的、伦理的世界就完成了。"

(C)幸福说　人们的欲求,莫过于幸福;幸福的完成,在有德的生活。除开有德的生活,便找不出幸福来;而有德的生活重在保全人们的灵性,不在寻求快乐。要是看错了,以快乐为主要,那么,人们自己便不得为生活的主人翁。怎么说呢?因为快乐是无定的,或时有,或时又没有;而且在有的时节若是过度了,苦痛就要跟着来的。

肉体的快乐多半与苦痛相伴着的:就是先有缺乏的苦痛,到了除去的时节,方才觉着快乐,所以人们不能不在快乐以外去寻支配生活的有价值的东西。是什么呢?就是知识。凡酌量事物的过分与不及去保持秩序,以成完美的调和,只有知识才够得上;所以人心的一切性能,必要以知识为引导,始得圆满健全的活动。圆满健全的活动就是有德的生活,就是幸福。

(D)善与爱的学说　老夫在论观念相互的关系的时节,曾经说过最高的观念是善的观念,因为善的观念为一切观念的绝对目的,一切观念的存在须有善的观念方才有价值。然则爱的观念在伦理上所以有价值的缘故,就在爱这样东西能使人们的灵魂达于"最高之善"的一点。怎么说呢?爱的里面的根源,是观念的渴慕心,也可说是哲学的冲动。爱的表面的条件就是美,美的种类有多种,爱的表现不一类,先由美丽的形象之爱，渐次入于纯洁无疵无形无象不生不灭永久不变的观念之爱，而后使人生达于最高善的境遇。

(E)四种基本道德 人们有四种基本的道德：一是智慧；二是勇敢；三是节制；四是正义。这四种道德从何来的呢？老夫曾经说过，我们精神的一切性能须从知识的指导，方才有圆满的动作。又曾说过，人们的灵魂有理性与非理性的部分，非理性的部分复有意志与物欲的区别，这三部分的灵魂各有应守的特殊的德。理性的部分所守的德在智慧，意志的部分在勇敢，物欲的部分在节制。智慧、勇敢、节制三者调和，各得其所，而为适宜的全体活动，即是正义。这四种基本道德的完成，内之在从知识的指导，外之在从社会的统制。无识的动作，本身即是罪恶；孤立的个人，道德无从实施；这并不是老夫特创的见解，原来是苏老师的教训。老夫不过照着老夫对于灵魂的区分别为四种说明：

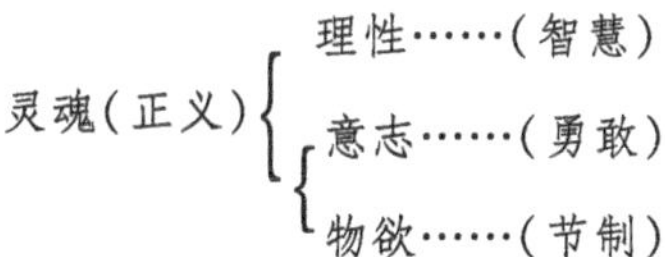

(F)国家论 老夫在上段论四种基本道德中，曾经说过孤立的个人难期道德的实行，尤其是正义，在个人的伦理上没有什么意义，非赖完全的社会不能够实现。国家的必要的根本也就在此。今分为四项说明：①国家的目的；②国家的组织；③国家的教育；④国家的宗教及美术。

(1)国家的目的。国家的目的在完成道德的社会。个人为社会的分子，故国家不可不教育个人，使为有德的生活。国家欲使个人有德，国家自身不可不有德，故国家的道德生活与个人的道德生活同样地重大。

(2)国家的组织。国家欲遂行其目的，须以知识阶级(哲学者)为国家组织的最上部；其次为武人阶级；最下为职业阶级，即农、工、商等。第一阶级的哲学者统御国家，握立法之权；第二阶级的军人服从法律，保卫国家；第三阶级的农、工、商，从事生产，供给财富。此三阶级各有其合于分际的道德，即第一阶级的道德为智慧，因为他们统治国家，不可不通晓一切事理；第二阶级的道德为勇敢，因为他们抵御外患，不可不坚毅刚强；第三阶级的道德为节制，因为他们以致富为业，容易贪婪奢侈，所以贵乎节制。以上三种阶级各安其分，不相侵越，方能实现正义的国家。当老夫生时，雅典政治的腐败，社会的紊乱，就是由于这三阶级的秩序颠倒，哲人在野，武人与农工商执政的缘故。

(3)国家的教育。国家要想达自身的目的，须得实施国家的教育。凡属于上两阶级的人，从幼时就使他入于国家的学校，锻炼身体，修养精神。有益的神话、诗歌、音乐、体操、数学等为起初必要的科目，渐次入于哲学的研究。此两阶级不许各人自集私产，结婚由国家选配，生子送入于国家学校。其通晓哲理者，受实地的经验达于五十岁时，始得列于治者阶级。握治权的人以一定的年限交替。女子为国民之母，为养成国家有用的人才，不可不注重女子教育。

(4)国家的宗教及美术。国家不可不定国民当遵奉的宗教及应爱好的美术，宗教为第三阶级农、工、商等的教育，美术使国民的精神高尚。美术中最有用的要算音乐，因为美的本体在观念界(理想美)，不在现象界(形色美)。图画不过是现象的摹写，不能得事物的真相，音乐容易引人入于观念之美。

以上所说的国家论虽然是出于老夫个人的理想,但在当时希腊社会的情形,民心那样地涣散,个人主义的倾向那样地极端,实为对症之药;而且参酌斯巴达的实际制度,绝非我个人的空想。可惜到叙拉古不但不能实现,甚至被鬻为奴,社会之难挽救,至于如此!

伦理学说终演　据以上各段所说的总括起来,可见老夫的伦理学说与辩证学说、物理学说互为一贯,而伦理学说尤为老夫的哲学思想的中心。其伦理的根本基础在观念的知识,发展完成则赖正义的社会。兹将伦理说的要点表列于下[①]:

听后的回顾　朋友们!这一幕柏拉图的哲学戏,演的时间很久,恐怕大家听得很疲倦了,我们出到林园里去看看橄榄树,吸收新鲜空气吧!

对的!我们一面休息,一面将这一幕的哲学纲领总论一下,回头再听第二幕。你看柏氏的学说,虽然分为三部分,最重要的只是辩证学说与伦理学说两部。其关于物理的学说与这两部没有相等的价值,可说是一种附属论罢了。他为什么要附论物理呢?一则是为应他的门徒的要求;二则是为完成他的学说的系统。

他的辩证学说的全体就是观念论。观念论的中核就是善的观念。他的伦理学说就立在这善的观念基础上,说明人生上进的途程,在步步向着善的观念走,并且明示本着善的观念努力去实现完美的实际生活,非孤立的个人所能做得到的,必定要社会的协力,方能达到这个目的。国家的目的就在完成道德的社会。柏氏的学说的总纲领大概是如此。第二幕快开了,我们去听他的门徒的戏吧!

---

① 表见第168页。——编者注。

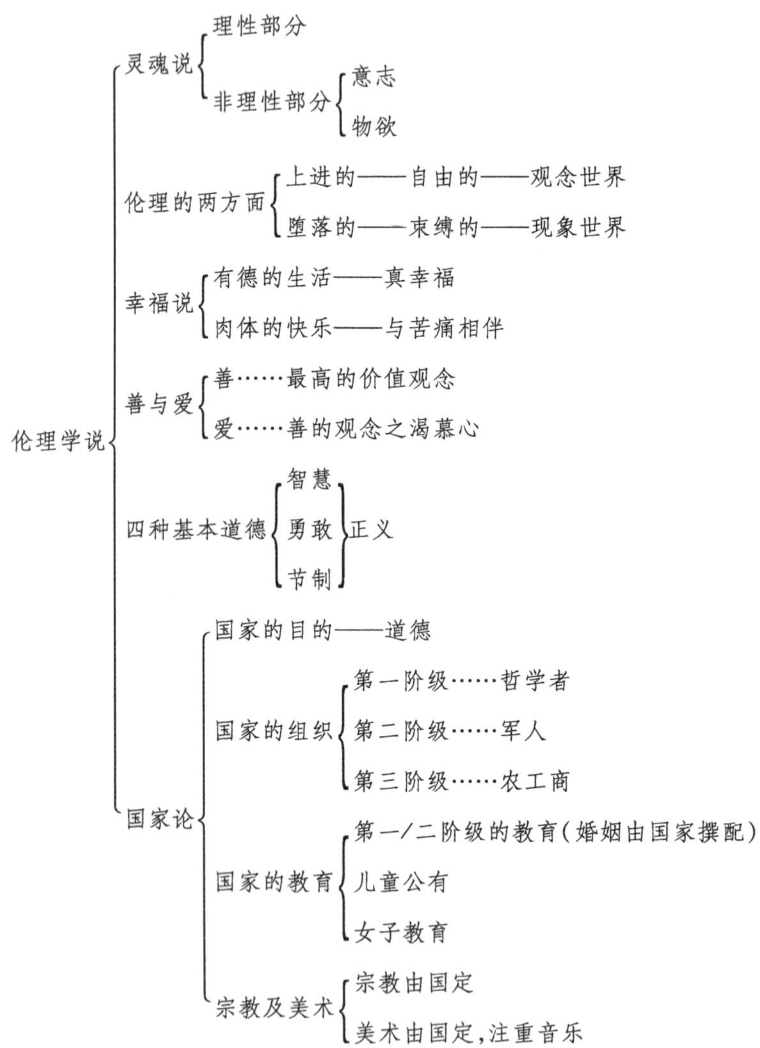

第二幕　柏拉图的门徒(学园派)

说明一　今天我们在这阿卡德米林园举行祭典,纪念学祖柏拉图,在第一幕中已经将柏氏一生的生活及其学说演唱过了,现在要续演他死后祖述他的学派。

说明二　祖述柏氏的学者的总称，叫作学园派（Academy），这是取用学园之名，看过前幕的自然明白，不用解释了。学园派有下之区别：

1. 古派　是本派的初期，为柏氏死后百年的柏氏学派的总名。其第一学长（Scholarch）就是柏氏的侄斯彪西波（Speusippos）；第二学长为色诺克拉底（Xenocrates）。

2. 中派　是第六学长阿尔克西劳（Arkesilaos，316B. C.—241B. C.）及卡涅阿德斯（Carneades，213B. C.—129. B. C.）所主唱，即由学园派而转入怀疑学派的总称，为希腊第四时期（伦理时代）诸学派之一。

3. 新派　是斐洛（Philo，—80B. C.）及安提奥库斯（Antiochus，　—68B. C.）所主唱，即对于中派的怀疑论的反对派。此派当初归于独断论，后来倾向折衷说，也是希腊伦理时代诸学派中之一。[①]

说明三　今日这第二幕只演古派的大略，做个余兴，其他中派、新派归入第四时期伦理哲学中开演。

古派的第一学长登台　老夫斯彪西波（395B. C.—339B. C.）承载伯父柏拉图的遗言，为阿卡德米学园的学长，同门的朋友中如色诺克拉底及亚里士多德们，负气而离开雅典去了。人家都怪我伯父死后，门下就四分五裂，其实学问上的见解不同，这也难怪。

老夫对于我伯父柏氏所谓的观念界与现象界的关系，从进化说的立场去说明。因为完全的事物（即真善美的事物），是从不完全的事物渐

---

① 注意：有的哲学史家将中派、新派总称新派，与古派相对；有的又将中派别为第二、第三，将新派别为第四、第五学园派，称古派为第一派。——作者原注。

次进化达到的，可以说完全是不完全的进化的极致。这是事物存在的真实顺序；不完全在先，完全在后。这种进化的见解与舌氏[①]的见解恰相反对，无怪老夫任了学园派的学长，他要离开雅典去了。

古派的第二学长登台 老夫色诺克拉底（396B. C.—314 B. C.），自从我老师柏氏死后，同着学友亚里士多德离开雅典，去到小亚细亚。后来老夫归回雅典继斯彪西波之后，长阿卡德米学园。

老夫对于老师柏氏的学说所谓观念界与现象的关系，其见解与石氏[②]不同：他以为不完全在先，完全在后；老夫以为不完全在后，完全在先，即从完全渐次降为不完全。怎么说呢？因为从万有之灵降而至于个个的物体界，其间加置了若干的灵。

听后的回顾 朋友们！我们今天听得不免疲倦了，而且柏氏的哲学把戏比较上有点儿难懂，我们不妨将他的最紧要之点表列出来，以便记忆罢了。明天又要去听亚里士多德的演唱。听说这位亚里士多德先生演得越发伟大可观，因为他的要法是将德谟克利特与柏拉图两位的要法联合而成的。

<table>
<tr><th colspan="5">柏拉图的组织哲学</th></tr>
<tr><th colspan="2">宇　宙　论</th><th colspan="2">人　事　论</th><td rowspan="3">系统的
观念论
（又目的论）</td></tr>
<tr><th>宇宙的存在</th><th>万物的由来</th><th>知　识</th><th>道　德</th></tr>
<tr><td>绝对的存在
（观念世界）
相对的存在
（现象世界）</td><td>观念与现象结合</td><td>三种观念为真知识
（1）有价值的观念
（2）与自然一致的观念
（3）有算数关系的观念</td><td>实现最高
的观念
（善）</td></tr>
</table>

① 原书将色诺克拉底译为“舌诺苦拉提”，故此称其为“舌氏”。——编者注。

② 原书将斯彪西波译为“石甫许颇氏”，故此称其为“石氏”。——编者注。

第三日

听亚里士多德的组织哲学戏

朋友们！我们就到雅典城外的吕克昂（Lyceum）去听亚先生[1]的哲学把戏！这吕克昂是亚先生创设的一个大学院，也和柏拉图创设的阿卡德米学园一样，其中有花草，有水泉，有很大的运动场，还有郁郁苍苍的树木的夹道。亚先生在此创设大学院，常与他的学徒们在树下散步论学，所以后来他这一学派又名逍遥学派（Peripatetic School）。吕克昂的名称之由来，是雅典东城外划出来的一个园子，用来供奉吕克昂的阿波罗（Apollo）的。后来亚氏的学友名叫德奥佛拉斯多斯（Theophratus）在近处置了一份产业，捐给吕克昂，亚氏在此了立了大学院，仍旧用吕克昂（The Lyecum）的名称。

我们昨日在第六幕中，不曾听到亚氏与他的学友色诺克拉底于柏拉图死的年（纪元前347）相率而离开了雅典吗？他何时归还而创设吕克昂的呢？他出雅典以后，旅行小亚细亚的特洛阿城（Traod）数年，后来应

① 即亚里士多德。——编者注。

马其顿的腓力王(Philipp)之聘,为其太子亚历山大(Alexander)的师傅,及腓力王死后,亚历山大继位,在纪元前335年出师远征,亚氏方才归还雅典,创办大学院。

亚氏的生涯待到开幕演他的戏时自有详细的表白。现在我们先论他的学相的大概,准备着听他的哲学开演。亚氏的根本思想与他的老师柏拉图的思想皆从苏格拉底的教学涌出,同立足在目的说的地盘上,对于同时代的德谟克利特的机械说给予很大的打击,同时亦摄取他的长处。但是亚氏与柏氏研究的途径趋向各异,柏氏为数学家,以几何学为基理,偏于思索,先登上理想的高地,然后下看经验界的各个事物,所以他的学园门首写有"凡不识几何学者不许入吾门"(Let no one ignorant of geometry enter under my roof)。亚氏为生物学家,重事物的观察,尤富分析组织的能力,先考究经验界的各个物,然后渐进于理想的高地。他们两师徒的学相,有位画家名叫拉斐尔(Raphael),他绘雅典学派的赞讽画,将两氏的异趣形容得很清楚。即是绘柏氏昂头仰天,亚氏埋头俯地,画虽滑稽,却能显示他们两师徒的为学的异向。

希腊哲学到了亚氏出后始有完全的表现,凡宇宙论时期和人事论时期的思想的线索,以及本时期(即组织哲学时期)中德谟克利特的机械论、柏拉图的观念论的思路,都连接在一块儿,成了亚氏的思想。所以亚氏是纯希腊文明的化身与完全的表现。他搜集关于自然界的许多的材料,用科学的研究,后世各种的科学都从他的手里安置了原始的地盘;所以他是个研究事实的科学家,是个很准确的思想家。我们说到这里暂止吧!戏幕又开了。

第一幕　亚里士多德

表白一　老夫亚里士多德，纪元前 384 年生于马其顿的斯塔基拉市府（Stagira，希腊的殖民地），享生年不过六十二岁，于纪元前 322 年死于加尔西斯（Chalcis），而今加上死年，老夫已是二千三百有八岁的人了。今天讲演老夫的哲学，先将老夫六十二年的生涯，分作三期表白一番：

第一期——学生时代——35 年（384B. C. —349. B. C.）

老夫家世，代代以医业相传，父亲尼各马可（Nicomachus），曾为马其顿王阿明塔斯二世（Amyntas II）的御医，因此幼小之时，得习染医学及其他自然科学的爱好；而且老夫的地，距德谟克利特等的故乡不远，因此容易获闻一些物理学上的知识。两亲死后，被托与亚塔留司（Atarnews）人勃洛克舍米（Proxemis）照管。

纪元前 367 年，老夫当时年正十八，勃洛克氏将我送到雅典，肄业于阿卡德米学园。在学二十年间，对于哲学、伦理学、文学、修辞学等得的兴味不少。老夫注重科学的精神，也给些影响与同门。

第二期——游历时代——14 年（349B. C. —335B. C.）

自从老师柏氏死后，同门当中生了破裂，老夫同着色诺克拉底提离开雅典，入于小亚细亚，去到亚塔留司（Atarnews）及米提利尼（Mitylene）两地的共主赫米阿斯（Hermias）那里。赫米阿斯也是我们学园中的学友，他不久陷了波斯人的诡计，身被惨杀而亡。老夫与舌氏①二人保护他的养女傈特雅，由亚塔留司逃到米提利尼。后来老夫与傈特雅结婚，

① 即色诺克拉底，因原书译为“舌诺苦拉提”，故有此称谓。——编者注。

在此一住六年。

纪元前342年,马其顿的腓力王延聘老夫教育他的太子(时年十四岁)亚历山大,老夫因此到彼拉为太子的师傅,大受王礼的优遇。亚历山大虽身居高贵之位,却能安学亲师,志向远大。他曾说:“生我者吾父,使我知如何为有价值的生活者吾师。”(To my father, I owe my life, to Aristotle, knowledge how to live worthily)他后来的功业都基础于此。老夫在彼拉掌教不过四年的光景,后来大约有五年的功夫,由彼拉去到斯塔基拉研究科学,得了一位很好的学友德奥佛拉斯多斯(Theophrastus)。老夫薄有家产,又得亚力山大的助金以资讲学之用,所以收集动植物的标本颇多,同着购买不少的书籍。

第三期——掌教吕克昂时代——13年(335B. C.—322 B. C)

纪元前335年,老夫与德奥佛拉斯多斯携手归还雅典,创设吕克昂,因为管理上很有秩序,学友们不但富于勤学的兴趣,而且颇有协作的精神,所以名誉日高,驾乎阿卡德米学园之上。老夫在此掌教著述,一直经了十三年,后来因为雅典人抗马其顿,以为老夫是亚历山大的师傅,因而迁怒及我,欲加迫害,所以逃入加尔西斯(Chalcis)。翌年,老夫便辞去人世,在此地永眠。

表白二 老夫当年所成的著作可以划分为下列的三类:

一是通俗的著作 老夫在学园的时节,很喜欢讨论关于正义、资财、智慧、修辞、政治、恋爱、行为、祈祷、谦恭、教育种种的问题,模仿老师柏氏的对话体,用很通俗的文字发表。可惜这类的著作而今已经失传!

二是编纂的书籍 老夫和学生们所搜集的关于动物学的、文学的、历史学的许多的材料,以及调查所得的记录,都将它一一地整理起来,编纂成书。其他关于老师柏氏的对话的摘要，关于修辞学的理论与证例，关于悲剧与喜剧的历史，关于诗人的讨论，关于五十八种希腊各市府的制度的论述，皆属这一类。可惜这类作品而今也都失传了！

三是教本　老夫掌教吕克昂的时代，为学友们讲演关于论理、物理、哲学、文艺等的稿本不少。这一类的著作的组织方法，大概首先列举问题，其次批评各种答案，其次揭出问题中最要之点，其次列举各种事实，最终乃下断案。这种著作一面做当时讲演的底稿，一面做将来教本的预备。而今幸喜有一部分的留传，老夫的重要学说得以存在。

哲学开演　老夫的哲学把戏耍得很广泛：网罗古来所有的学说在一个中心的观念之下，组成一贯的体系。怎么叫中心的观念呢？就是老夫的哲学的基本要义。什么是老夫的哲学的基本要义呢？就是将老师柏拉图的两个对立的世界——观念世界与现象世界——连锁起来，这种连锁叫作发展（development）。发展就是观念与现象的关系，这种关系是宇宙一切存在的目的，此时在此不过略为提醒眉目，明白老夫的哲学的基本要义之所在罢了。至于怎样的连锁法，待到后面再为详细说明。

老夫的哲学的全体系从如何的部分组织而成？这是很难答的问题，因为老夫喜做分析的研究，涉及的部分很多、很复杂，不易简单明了地分划出来，所以有人称老夫的著述全体是有体系的百科全书，这也未免太夸张了。大致说来，老夫分哲学上的问题为三部分：一是关于伦理的；二是关于物理的；三是关于论理的。又从研究的目的上去区别，也可划作三部分：一是关于纯理上的，以研究事物之纯理为目的；二是关于行为上的，以研究吾人行为的规范为目的；三是关于制作上的，以研究艺术上的制作为目的。以上所说的原来的区分如何大家且莫管，因为现在讲演的

便利计,姑且分为下之四项来说明:

(1)论理学;

(2)纯理哲学;

(3)物理哲学;

(4)伦理哲学。

(一)论理学　老夫虽荷论理学始祖的盛名,其实论理学上的种种原理,在老夫的先辈中(埃利亚学派、一般哲人、苏格拉底学徒等之间)已经早有发现,不过到了老夫的手里,将前人发现了的个个原理(如同一律、矛盾律、理由律等)加以系统地整理,补其不足而完成独立的一科学罢了。现在分为下之五项说明其概要:

a. 论理学的旨趣　老夫对于学术的研究,觉得有两种根本的讨论:其一是学术研究的目的论;其二是学术研究的方法论。学术研究的目的,不外在获得学理的知识。怎样叫学术的知识?老夫以为不外精察事物的通性(普遍性),从而了解事物的个性(特殊性),如是所得的知识,就叫作学理的知识。于此见地,老夫的先辈苏格拉底与柏拉图也是如此,可说老夫是他们的继承者。但在老夫,另有一个新发现,就是学理的说明固然不可不先根据通性,而知识开发的顺序又不可不从考究个性出发。因为我们获得知识,要先以经验个个事实为始,然后渐渐地达到通性,明了通性,再以通性说明个个事物之所以然(即个性)。

关于学术研究的方法,有演绎法与归纳法两种。前者从通性以说明个性,后者从个性以发现通性。此两法当中,有一定不可侵犯的规则,侵犯了便不能得正确的知识。讨论这些规则组织而成的论理学,而今叫作形式论理学,尤其是对于演绎法,特别地这样称谓。但老夫当年所阐发的不仅仅限于形式范围，还有实质上的研究以及形而上学（纯理哲学）的原因，老夫都很注重。后来的学徒们多半忽略看过，甚至到了经院学者的手里，完全用为一种抽象的形式论理了。所以要了解老夫的论理学的全体，当并究老夫的哲学全体。现在分为四段，专就论理学举示其内容，即演绎法、归纳法、定义及分类与十范畴。

b. 演绎法　演绎法是根据普遍的原则以推论特殊的事理的方法，其通常的形式叫作三段论法（syllogism）。例如下：

凡人只有一张嘴………大前提
苏秦是人………………小前提
故苏秦也只有一张嘴……结论

此种形式论理（formal logic）只是凭借已定的普遍的原则演绎出特殊的事理，虽然好像没有什么新发现，但是宇宙间的事物这样地复杂纷陈，要是没有这种方法去驾驭它们，那么，对于个个事物的知识都要靠着各个观察与实验，未免太麻烦了。譬如说苏秦或说张仪，不必实际上去考察他们到底是不是只有一张嘴，只消知道“凡人只有一张嘴”，“苏秦、张仪都是人”，就可断定“他们也只有一张嘴”了。可是光光凭着这种演绎论理去推论宇宙的事物也是不能圆满的，因为普遍的原则从何而来很是一个重要的问题，而且所根据的原则万一有了错误，即大小前提有错误的时节，推出来的结论就不免人错而特错了。试举一个例来说：美国人有一个错误的普遍观念，就是误信“中国人好食老鼠”。他们信此为真的大前提，因为见着“某某留学生是中国人”，遂断定“某某留学生也好食老鼠”，这岂不是很大的笑话么？所以演绎法之外，必得有归纳法。

c.归纳法　归纳法（induction）恰是演绎法的反对法，即是概括特殊的事理以推论普遍的原则的方法，现在已成一般通例的形式，叫作归纳的三段论法（inductive syllogism）。例如下：

金银铜铁因热膨胀
金银铜铁为金属　}特殊的事理
故凡金属因热膨胀……普遍的原则

此种论法重在个个事物的实际观察，以发明新原理。但在实际上，要想一切事物皆入到我们的眼中，确是难能的事情。不得已用一种比较简易的方法去搜集个个事物的特殊性，就是一方面本着我们自己直接经验的事相，一方面采纳一般识者承认的事理，精细地去比较考究，而后归纳起来，得一概括的结论（即普遍的原则）。但是这种方法不能期其绝对正确，不过大概如此、多半如此罢了。要想达到绝对的正确，不得不待理性的直观，所以老夫的论理学同着纯理哲学上思想是相结合的。后来的学徒们只偏究演绎的形式论理，归纳法直至英之培根（T. Bacon）方才大行于世。这也怪老夫当年对于演绎论理，说得较为完全；对于归纳论理，过于简略之过。

d.定义及分类　归纳法的大致说了，我们讲讲定义。定义的目的不外是规定该事物之概念的本性（即指摘该事物之为该事物的所以），使该概念判然明确，所以老师柏拉图曾说：“定义是规定事物之概念的本性的。”老夫因此想到，欲规定概念的本性，须得加该概念的特性于该概念所从属的类概念之中,其本质始能明确,即定义乃能成立。譬如我们就“人”的概念来下定义,他所从属的较高一层的类概念是“动物”,他自身的特性是“理性”,因此我们得着“人”的定义,为“人为有理性的动物”。由此看来,又可说下事物的定义,不外以通性为本,而说明其与个性有怎样的关系。因此之故,在下定义之时有不可缺少的事情,就是在一种类中所包含的事物,当一一分排出来,不可有一个遗漏,以及种类上的阶段不可有一段超越。这样地顺序地开发事物的外包,叫作分类法。

e. 十范畴　还有我们以言辞表示事物的方法,不外根据若干的最高概念。总而言之,其类有十,老夫叫它作范畴(category)

一、实体　如人、犬、松、竹之类;

二、分量　如长一尺、宽三尺之类;

三、性质　如白、柔、坚之类;

四、关系　如甲比乙小或大之类;

五、场所　如此处、彼处之类;

六、时间　如昨日、今日之类;

七、态度　如坐、卧、立之类;

八、附属　如穿衣戴帽之类,非其物的自身具有的性质,不过从外附属者;

九、能动　如飞、走之类;

十、被动　如被烧、被害之类。

以上所举的范畴,一切断定皆不过在此范围内言表事物,例如说,“这是人”,人是表实体;“此人甚黑”,黑是表性质;“此人长九尺”,长九尺是表分量;“此人坐着”,坐着是表态度。老夫举出这十种范围,当初以为都很切要，所以在《范围论》及 *Topica* 二书中都悉论列，后来觉着态度及附属两种不甚重要，所以在其他的著述中将它略去了。

（二）纯理哲学　老夫的哲学上的根本见地，与柏老师的同出一个渊源——即承继苏格拉底的思想，以概念的知识为真知识。苏氏所以倡导概念的知识的缘故，以为个个事物具有普遍不易的通性，显示此通性的概念即其事物的真实相。柏老师的观念论包含有苏太老师的概念论的要素，而老夫所谓学理的知识，也不外由精察事物的普遍性而来，所以说老夫的哲学上的根本见地，其渊源与柏老师是相同的。

但是柏师的观念论中有些见解老夫不敢赞同，因为柏师的见地有很大的谬误。老夫虽然爱先生，却尤爱真理，所以在他门下的时节，批评他的学说，不留一点儿余地。他的错误在认事物的普遍性——即通性，是离开个个事物而存在的。所以他认观念世界为真实，认现象世界为幻相（观念世界，指普遍性的世界；现象世界，指个个物的世界）。其实两个世界，只是一个，哪能分离！离开个个物，哪里来的通性！离开通性，哪能认识个个物！照柏师的说法，两者隔绝而不能相通，我们不但没法去解释个物界，并且没法去体认观念界。虽然柏师有个物参与于观念，观念往来于个物之说，其意义极不明了，令人不可得解。仔细观察，不外是一套画蛇添足的把戏，就是在感官界的个物之上另添一重与之相类的东西，叫作观念罢了。举例来说，不过是将立在地面上感官界所见着的东西，假定高举设在天上，认为普遍不易的东西罢了。其实事物的本性同着具此本性的事物，哪里有相离的理由！所以柏师以观念看着离个物外在的超绝体，老夫看为是不离个物内在的东西。我们为获着真知识，虽然要说通性的实在，并不须说离了个物的实在；离了个物，便无一切之实体,如何能说离了个物的实在？以上所述,不过是老夫的纯理哲学的大旨,详细说明分为下之七项：

a. 什么叫实体　有一个观念为老夫的纯理哲学上的骨髓,就是实体。所谓实体,不是存在个个事物以外的东西,也不就是个个事物;固然不是抽象的,也不是存在感官上的。然则什么叫作实体呢？与个个事物的个性不相离而内在于个个事物的通性,老夫以为方是实体。所以哲学上的中心问题不外是不离个性与通性去解释实在的问题,即不外以概念的知识去解释感官上知觉的诸事物的问题。

b. 相与素的关系　实体这个观念,不但与事物的个性不相离,并且与事物的变化也不相离。因为实体非一时的骤然的实现者,而为渐次不断的实现者,这就是变化生灭之存在的所以然。老夫为说明事物之生,不得不说明相与素的关系。相与素非相离的二物,“素为将成的相,相为实现的素”。这个关系不仅可以说明有机物之生长,就是人工的制作物也可说明。譬如陶器之类,它的形与大就是陶器的定相,其相之存在,同着所以成就其相的黏土并不是相离的,所以黏土在未成器物之前,虽未尝现器物之相,却可看作将现其相的素,这即是素。

相之所以能实现的原因,并非从外部附加何物,实由于其素本有可以开发其相的性质。这要特别注意的,莫因上面所举的例生出误会,因为所以名为素的缘故,就是以素能够自行现相。总而言之,相是从素的内部自行开发。这段意义,尤其是举自然生长的有机物来为例证,比较地更容易了解。凡生物的种子,其中自具有为某相而生长的性质,其渐次生长,即渐次现相。譬如桃之相,就是由于桃自为桃而生长进行,所以实现出来。由此看来,所谓相,不过是由素渐次现出来的,变化生长就存在此处。所以说世间的转化,毕竟不外是在尚未实现的事物之性,而为实现的事情。然则发展,就是实在;离开发展,即无实在之可言。了解这个道理,就知道相与素的关系。老夫的哲学的基本要义,所谓观念世界与现象世界的连锁,所谓发展说,也因此明白一大半了。

c. 潜势及现势　老夫的哲学里还有潜势与现势的说法。什么叫潜势呢?素就是潜势。什么叫作现势呢?相就是现势。因为素与相不外是同一物将成与既成的关系。换句话说,就是同一物从潜势的状态移行到现势的状态的阶段。譬如桃之种子为素,桃之萌芽为相;而桃之萌芽对于桃树之生长又为素,其长成之桃树又为相。如是一物从其潜势的状态,自己向其现势的状态开发进行之所,就是变动存在之所。由此可说,老夫的哲学的根本思想,是将柏老师所倡导的观念与现象对立的二元论改造来的——即不相离的素与相的一元论,也就是观念世界与现象世界的连锁。

d. 四因论　老夫观察个物,不过是实体之自己发展,故以为实体不但与事物的个性不相离,同时并与变化不相离。然则什么叫作实体,可以下"在个物生成变化的中间实现自己的东西就是实体"的断定。因此,老夫对于其生成变化特附以变动的名称,由是分析其变动进行的所以然,而得下列之四因论:

一质料因(material cause),或译为物质因、素材因、质因、素因等;

二形相因(formal cause),或译为形式因、形因、相因、图因等;

三运动因(efficient cause),或译为力因、动因、起动因等;

四究竟因(final cause),或译为最后因、目的因、有极因、究极因等。

以上四因,我们可就建筑房屋来做例证:①砖瓦材木,即质料因;

②图案，即形相因；③工匠之动作，即动力因；④房屋之造成，即究竟因。不仅人工物如此，自然物亦然。例如动物之生产：①胎儿发育之根本物，即质料因；②胎儿发达的类型，即形相因；③生产之作用，即动力因；④新生物之产出，即究竟因。故无论是自然物或人工物，都从此四因共动而生成的。

但四因的区别不过是抽象的思想，就中形相因、动力因与究竟因三者，其实同一。如图案师想象中绘图的观念是为形相因；当时彼之神经及筋肉的动作，就是动力因；同时应用纸笔、规尺以求图案之实现的目的，也就是究竟因。又如桃的种子，因为要实现桃的类型，所以发达生长，因之桃之类型，本为桃之形相因，同时为桃之种子生长的动力因，也同时为其生长的目的的究竟因。然则事物之变动的原因，为便利说明计（特别对于人工物），虽然分为四因，简约地说，只归着于形相因与质料因两者（于天然的有机物，仅此二因为已足）。

e. 有目的的发展　老夫的哲学思想中最后的中核，就是有目的的发展说。因为老夫观察宇宙间一切事物变动的所以，不外由于它们自己实现而来，不断地实现它们自己，所以不断地发展它们的相，相就是它们的目的。我们眼前的世界万物都是变动的，都在发展的历程中，可以说世界直是一种发展。所以我们如果认识一件世界上的真事物，须要认识它正在发展中。譬如一株桃树，我们若是在某一时间分断它的枝叶去认识它，一定认不清楚，须要看它从种子渐渐长成大树的统一体，方才认得真切。所以说世界的一切实在不过是它的历史中有目的的发展。

f. 纯粹素与纯粹相　老夫在前面曾经说过相与素非相离的二物，不过从一物的两方面考察，故有相与素之区分，其实都是同一物的实体。

素是在未发展之状态的实体,相是在现实之状态的实体。老夫的这种说法将柏老师所说的观念界与现象界连锁成一体,锁钥就是发展,也就是变动,所以有人称老夫的哲学叫作发展哲学。又因为对于柏老师的观念与现象对立的二元论,称老夫相素连锁的说法叫作一元论,以为这是我们两师徒的立说绝对不同的地方。固然老夫是不赞他老先生没有连锁的两个对立的世界说,却是讲到纯粹的素与纯粹的相两者之间,确又没有丝毫的混杂。我们举个实例来说,譬如雕刻师雕刻一块大理石,大理石的质料与雕刻师的意匠是对立的:一个是受动者,一个是能动者。若以此类推,去看万有全体,那万有全体的形相因就与雕刻师的意匠相当,不能不离开万有的质料而存在。但这个譬喻,系专指纯粹的相与纯粹的素而言的。纯粹素又名第一素,即纯粹的潜势,纯粹的可能态,丝毫没有现实之事物存在;因为现实必有多少的形相,故不得为纯粹素。纯粹相又名第一相,亦名为神,为一切发展之因,没有含丝毫质料的要素,先于万有的变动而存在。就此看来,老夫的思想也未尝完全与柏老师的相反。

但是说到此处,有当特别注意之点,老夫所谓纯粹素与纯粹相的对立,不是横的对立,乃是纵的对立。换句话说,不是平行的对立,乃是上下两端的对立。因为万有发展从最下级以至于最上级,上下两端皆有制限:在最下者以纯素无相为止,在最上者以纯相无素为止,所以叫作纯粹素与纯粹相。两端之间无对立,只是一连绵不绝发展的世界。

g. 神的观念　前段所说的纯粹相就是神。神为一切变动之因,老夫称之为原动者。原动者的自身不动,故又名为不动的原动者。不动的原动者怎样能够动他之一切呢?因为它自足圆满为纯粹的相,离脱一切素性,离脱一切欲求,离脱一切感性作用,只是为一切变动的目的因,所以动人而不自动。譬如绝色佳人,多情人见着,便动丑惊心,但是佳人的自身并不动。一切艺术与自然之美,其自身不动而能牵引人们,也就是这样。所以神是一切圆满之极致,万物皆向着它上进发展。柏老师所讲的善之观念,也就是神的意义。

纯理哲学终演　总括起来,老夫的纯理哲学的思想可画出一个图形表现于下:

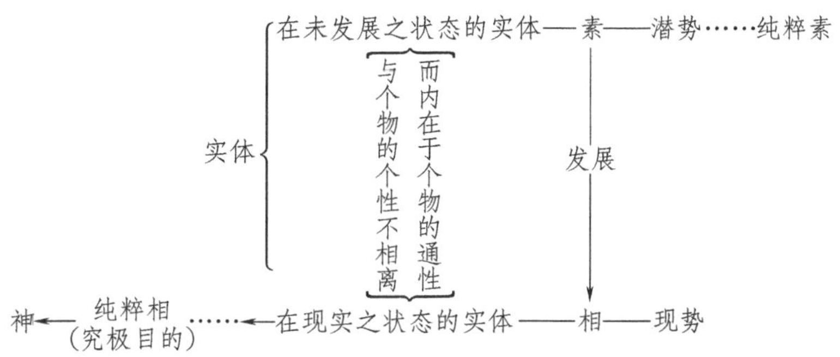

(三)物理哲学　老夫的物理哲学姑且分为五项来讲:(a)变动论;(b)天地两界及球层论;(c)四元素说;(d)生物论;(e)心理论。

a. 变动论　一切自然现象都是常常变动的,所以变动是万有之性。变动有三种:一是场所的变动(机械的变动);二是性质的变动(化学的变动);三是分景的增减(有机体之生坏)。这三种变动顺次为形质的关系:机械的变动,以化学的变动为目的,故化学的变动为机械的变动之完成;化学的变动,以有机的变动为目的,故有机的变动为化学的变动之完成。于此可说,低级的变动为高级的变动之基础,即机械的变动为化学的变动之基础,化学的变动为有机的变动之基础,无低级的变动,则高级的变动不可能。

b. 天地两界及球层论　天界为完全常住之境，地为不完全无常之境，怎样说呢？以场所的变动有圆动与直动之两大区别，因此在形质的关系上，宇宙诸部分的配当各异其圆满的程度而生种种的境域。圆动为最完全的运动，因为圆动有连续、无限、齐一等之性质，运动中最恒常而与神性为最近者。直动则不然，缺乏恒常齐一之性，因为直动在有限的宇宙当中不得不达到限界，于是欲其运动继续，不得不再归于反对的方向，从而在转换方向之点，运动不得不暂时停止。所以宇宙间圆动所行的部分为圆满界，直动所行的部分为不圆满界。天为圆动之所在，地为直动之所在，故天界谓为完全常住之境，地则反是。

宇宙从若干的球层构造而成的，这些球层绕着不动的大地为中心而回转。日月五大行星同着恒星皆附着球层运动。但日月五大行星，各附着各的球层；而恒星附着的球层，则为共通的。恒星层在宇宙的最外部，故名第一天界。第一天界所行的运动为规则最正的恒常圆动，故为宇宙间最圆满的世界。反之，到最下层之大地，其运动最不规则，故大地界（或月下界）为最不完全的世界。

c. 四元素说　地上的万物，老夫见得不过是从地、水、火、风四元素构成的。四元素之于地心，有相反的两个运动：一是向心的运动；二是离心的运动。地本是向地心运动的元素，故向心的运动独强；火本是离地心运动的元素，故离心的运动独强；水与风位在地与火的中间，水多向心的运动，风多离心的运动。于此可见，大地为中心，最近处围绕的是水，其次为空气，空气之上为火。

四元素不仅在场所异其运动的倾向，本来性质上也有差别：火是暖而干；风是暖而湿；水是寒而湿；地是寒而干。

d. 生物论　前面说过的三种变动之中，要算有机的为复杂，因为有目的的变动固然是在无机物中已经现了端绪，但在生物界中最是特别地发现。生物的生气的种类［即灵魂（soul）的种类］有三：

一、植物的生气（vegetative souls），即消化与生殖的能力；

二、感官的生气（sensitive souls），即欲望与行动的能力；

三、理性的生气（rational souls），即思考事理的能力。

植物仅具有第一种的生气；动物具有第一种的生气外，更具有第二种，人类则并三种而有之。故具有下级的生气，虽然不能具有上级的；而具有上级的生气，必以下级的为基础。下级生气的活动以进于上级生气的阶段为目的：上进的每一阶段即为一目的的实现，复进而达其他的目的。世界全体都在不断地上进的系统中，但下级的生气并未失掉，不过溶化于上进的历程之中罢了。这不但在生物界是如此，即在无机界的历程中亦复如此。

e. 心理论　老夫对于心理的研究大致分为两部分：一部分是实验的心理，开现今所谓生理的心理学之端；一部分是理论的心理学，加入知识论及伦理说，又可说是关于理性的理论。兹分别言之：

1. 实验的心理。我们的精神与下等动物的精神不但不相悬离，而且具有共通之点，不过比较下等动物高等罢了。先论根本的作用，不外是感觉；感觉是从特殊的感官应特殊的刺激，知觉特殊的对境生出来的。细致点说，知觉就是从被知觉的对境的相给予知觉的官能而成就的。再换句话说，先有存在外物当中的潜势的性质，经知觉而后成为现势。

特别的感官应事物的刺激，那事物的性质就留于感觉；此等的感觉经过统合的作用，方才成知觉，又摄取通过诸感官的事物的关系（即其数与运动状态等时空上的关系）是从（身）①体中特具的中央机关，此中央机关的位置即在心脏。以上不过略述老夫的实验心理学的梗概。

2. 理论的心理。实验的心理，其根本的作用在感觉；理论的心理，其根本的作用在理性。理性的作用上有两种：一是纯知的，以真理之研究为目的；二是行为的，以判别吾人公私的生活应如何行动始为正当为目的。前者之作用在真理，后者之作用在技能。技能的意义，就广义的解释，于认定正当的行为而行动外，还有关于制作的动作，如美术的创作即属于此。理性的性质上也有两种的区分：一种是受动理性；一种是原动理性。原动理性的名称是老夫后代的学徒们始用的。老夫当日只叫作原动者，现在因为便利起见，无妨用来与受动理性对照说明。受动理性与肉体不相离的，不外是归纳的心理作用，如知觉、想象、概念等。原动理性是全然与感性无关系的纯粹思考，并不是身体内在的一种作用，乃是超越的，像神的活动一样，直可说是与神同一本质，也可说它是一切宇宙的完全法相。人们发展的究极目的，即在实现此种理性的作用。又人们欲获得真知识，若仅凭受动的理性，不过基于感官的知觉的经验，其所得止于或然的知识。若欲得最高的普遍的必然之知识，就不可不赖原动理性的直观。

物理哲学终演　总结老夫所讲的物理哲学，做一简表如下：

① “身”字为编者根据上下文所加。——编者注。

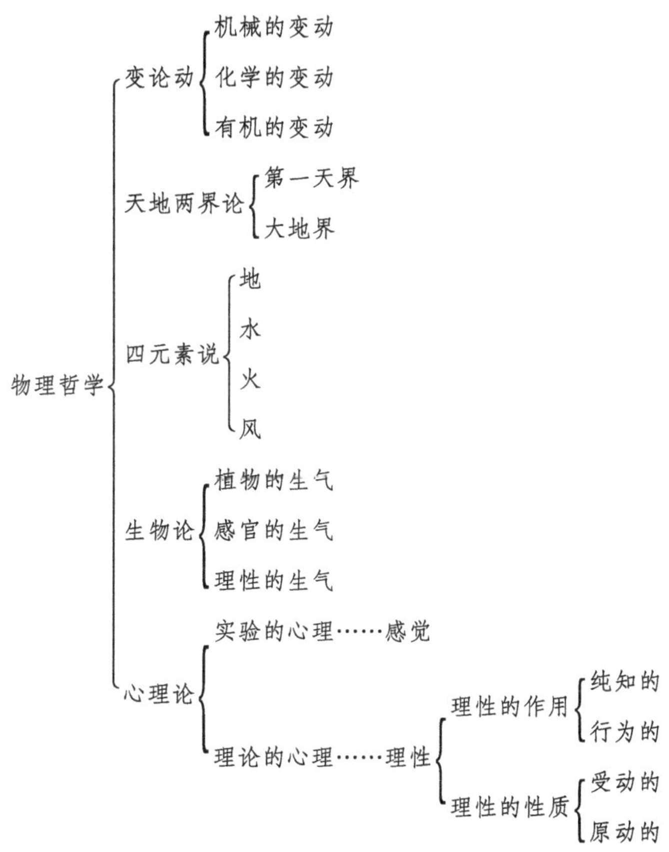

（四）伦理哲学　老夫现在讲演伦理哲学，分为六项：①人生之目的；②道德与善福及快乐；③德行之要素；④道德的分类；⑤政治；⑥美术及文学。

1. 人生之目的　伦理学上的大问题，即在研究人生究竟的目的（即至善的研究）。万有的活动都被一定的目的支配，人们的行为更不待言，有一定的目的。万有的目的是什么？不外实现各自具有的潜在的性能,即不外潜势为现势化。故人们的目的就在实现人性中具有的性能,人性中具有的性能兼植物性、动物性及理性三者。动物性本来兼摄有植物性,而纯粹的理性又为神性之故。所以人的特性可说在具有兽性与神性之点。由此我们可以知道,人生的目的不是在单使兽性发达,也不是光光置重灵性,将人与神同样看待,而在神兽两性之完全调和的扩充。但是神性之在人性当中,对于他方面之性即兽性,常立在指导者之地位,故人生之目的在使人间自然的诸性能从其理性活动。

人所以为道德的生类,就因为具有神兽两性之故;若不兼有此两性,即无所谓道德。动物缺乏理性,与神缺乏兽性,故都无道德之可言,所以说道德是人性的特产。

2. 道德与善福及快乐　前段说过人生的目的,在使人间自然诸性能从其理性活动。由此我们可以知道,人们应以怎样的活动为其职能?可说不外合理的活动。合理的活动就叫作德,德之存在,不能离开吾人的活动;离开人的活动,便无所谓道德。

成就吾人的道德的活动,不在外形的动作,而在精神的活动。故吾人的善福的中心要素不外是全此精神的活动的事情。老夫并非排斥外物,以财产、衣食住、名誉、健康等为无益于善福,不过说这些不是善福的中心要素罢了。所以说虽无这些外物,有德的人不至完全不幸,但是缺乏了这些外物,也足妨害善福的充分实现。像犬儒派的人们那样地排斥外物,老夫是不赞成的。

讲到快乐,不外是完全活动的自然结果,就是道德的所在,而快乐自生。所以在老夫看来,快乐也是在人们的幸福里不可缺少的。

3. 德行的要素　理性统御情欲的活动就是德行。德行的要素,在使吾人性情的动作避开过与不及的两端,而保持中庸(moderation)。所谓中庸,非由算数的尺度测知出来,只是随时随地所表现的适宜的活动。然则怎样地可以见到适宜呢?这个问题的解答,苏格拉底的教学里曾经说过,在“知见之明”。但是单单靠着知见,不能够成就德行,须得一方面以求知见之明为基础,一方面从知见的指导,注重意志的修炼。

4. 道德的分类　人们的理性有两种的活动:一是理性自身的活动;二是为欲望及意志的指导的活动。故德有两种的区别:一是知德;二是行德。知德即指理性的第一种活动;行德即指第二种。知德又有两个区分:(甲)是关于实行问题的知的活动——即实践的知德;(乙)是纯粹的知的活动——即究理的知德。例如,技术上的知识,又关于公私生活上必要的正义的知识等,属于前者;其自身的活动以外,无何种的目的,而为纯粹的究理欲之理智活动,属于后者。知德比行德尊,究理的知德比实践的知德贵,因为人们可以从智慧之德分享神的圆满性。

5. 政治　人为社会的动物,故从其天性的活动,自然形成社会;先为家族,次为村落,进为国家。各种社会的大目的,在合力互助,使人人的发展完全。故国家的究极目的,在教育人民成为有德的人。

国家的形体没有一定的好坏,要在适合人民的风俗、感情、境遇、时代等等。柏老师悬想一个理想国,以为无论什么国家都应当以此为准则。他站在理想的高地俯视人寰,所以怀这样的理想。老夫根据事实,从卑近处一步一步地进行去看高远的地方,所以将现存的国家拿来比较研究,发现有三种形体,各应其民情的差别去判定是否适合。

1. 君主政体(monarchic),为一人有超越群众的经纶时,可适用的政体;

2. 贵族政体(aristocratic),当少数人的一阶级优于其他阶级的时代,可适用的政体;

3. 共和政体(volksherrschaft),为人民一般知识发达、有自治的能力的时代,可适用的政体。

以上三种政体,虽因时得为正当,但是结果误于适用,那就各变为腐败的不正当的形体:即

1. 变为专制政体(despotic of tyrannic);

2. 变为寡头政体(oligarchic);

3. 变为愚民政体(pobelkerrschaft)。

6. 美术及文学　美术上的美有三界限:一是大小适当,过大过小,皆出美的范围;二是个体区划明了,若漠然不明,便不可谓美;三是各部分关联统一,若插入无关系的部分,便于美有害。总而言之,美术以保持钧合、调和、比例等为最要,因为其中有中庸之德。美术之所由起,起于吾人的模仿性,人们原来有此种性质,所以见着模仿的事物都很喜欢。模仿的方法不一,故生数种的美术:形体的模仿,生雕刻;彩色的模仿,生绘画;音响的模仿,生音乐;言语及律吕的模仿,生诗歌。

表现事物的实相,诗歌优于历史。从其所表现的事情,有上品与下品的区别:嘲骂之诗及喜剧为下品;叙事诗及悲剧为上品。喜剧的目的,

不外使观者感觉可笑；悲剧在使观客起对于不幸者的同情，同时以涤洗其恐怖之情而归于潇洒为目的，这叫作净化。

伦理哲学终演　总结老夫的伦理哲学，做一简表如下：

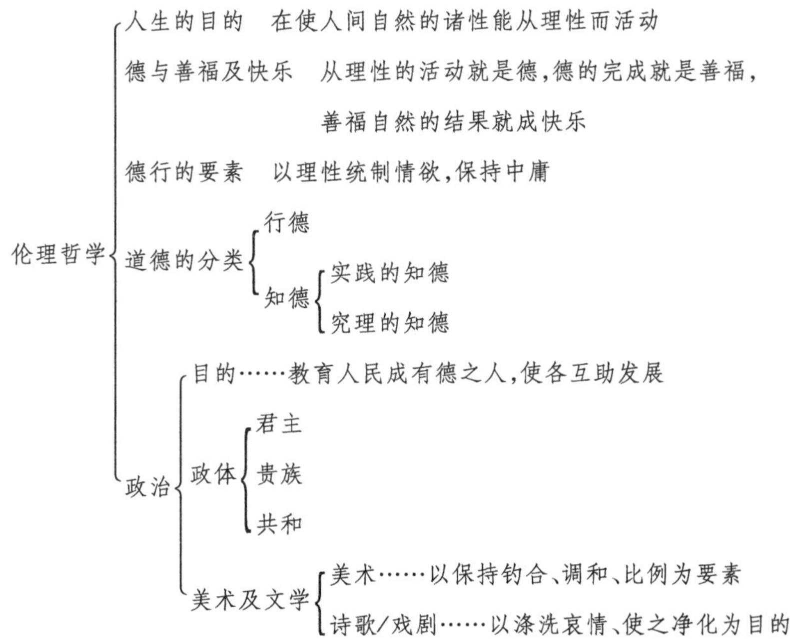

听后的回顾　朋友们！我们今天在这吕克昂大学园，听亚氏的哲学戏，比较昨天在阿卡德米学园听他的老师柏氏所演的，又开了我们知识上的一个新世界，他可算是“青出于蓝胜于蓝”。你看他将柏氏的两个对立的世界连锁得很巧妙！你看他们宇宙论时期以来的希腊文明思想，表现得很完全！他真是希腊文明的化身。也可说他老师是希腊文明之花，他本已是希腊文明之果。他的论理学、纯理哲学、物理哲学及伦理哲学，皆共一个中心的观念,自成一贯的体系。怎么是他的中心观念呢?就是理性的发展。发展是他收藏他的哲学思想的锁,也是他开发他的哲学思想的钥,所以人家都称他的哲学叫作发展哲学。

他的思想这样的博大、关联、统一,我们听了不得不赞美;但是他当中藏着有一个矛盾,我们很难替他解释的:就是他在一方面既说了相素是同一实体的两面观,在未发展的状态的实体谓之素,在现实之状态的实体谓之相——素为潜势,相为现势——这就无异说相与素的存在是两相内在的,不是各自超越的;然在他方面,他又说有纯粹的相与纯粹的素,并且说纯粹的相就是神,神是超越的存在,这明明与前说相矛盾。在这一点,我们可以说亚氏将他老师的两个世界连锁成一个,最后锁得不坚固,又裂为两个了。这个批评对不对,暂且莫管,今天还有做余兴的短幕,演他死后相承的学派,即逍遥学派(见前),快开幕了。

第二幕　逍遥学派

说明　亚里士多德死后,他的学派流源很长,有初代的逍遥学派(Peripatetic School),其中最著名的角色为德奥佛拉斯多斯(Theophrastus)、欧德谟斯(Eudemus)、斯特拉顿(Straton)与阿里斯托克塞诺斯(Aristoxenus)等。到纪元后九世纪至十二世纪之间,有东洋的逍遥学派(起于穆罕默德教徒及西班牙的犹太人间);到十三世纪后半,有斯多亚哲学中的逍遥学派;到文艺复兴时代,有正统的逍遥学派与自由的逍遥学派。这些都是后话,现在为略观初代的逍遥学派的思想,特装演下之四名角:

1. 德奥佛拉斯多斯登台　老夫提阿氏[①]，比亚氏年少十二岁，忝为亚氏的亲友，自他死后，这吕克昂大学院的主座为老夫承乏，尽力图本学派的扩张。哲学上见地，老夫多祖述亚氏，独对于他的原动理性与受动理性的区别以及神与世界的关系，老夫多所批难；这不过是从真理上的见地，欲补救亚氏的学说的缺点罢了。

2. 斯特拉顿登台　老夫石托氏[②]对于亚先生超越神的存在说也很不赞成，因超越神即是全然无质的纯粹形相，假如承认它存在，则亚先生自己说的形相内在的思想怎能够维持首尾一贯呢？而且天地万物皆从自然的必然作用而成的，神与世界为一，无所谓超越的神，故无所谓超越的纯粹相。

3. 欧德谟斯登台　老夫欧得氏[③]喜究几何学及天文学史，尤喜注释吾师亚氏的遗著，对于神之存在、超越世界之说最为信服。

4. 阿里斯托克塞诺斯登台　老夫亚理斯托氏[④]初为毕达哥拉斯学派的门徒，后就学于逍遥学派，所著关于音乐的理论尝脍炙人口；对于亚先生的原动理性之说也颇不赞成，与提阿氏、石托氏他们大致一样的见解。

听后的回顾　朋友们！我们就刚才听到这四位名人的言论看起来，可以知道亚氏死后，逍遥学派的学风变迁，最初就分为内在论与超越论两派：前者以提阿氏之说为代表，后者以欧得氏之说为代表，而石托氏之

---

① 即德奥佛拉斯多斯，因原书译作“提阿夫拉斯托”，故有此称谓。——编者注。
② 即斯特拉顿，因原书译作“石托拉顿”，故有此称谓。——编者注。
③ 即欧德谟斯，因原书译作“欧得牧斯”，故有此称谓。——编者注。
④ 即阿里斯托克塞诺斯，因原书译作“亚理斯托苦舍诺”，故有此称谓。——编者注。

说更由内在论而进于自然论,可视为希腊哲学最古的伊奥尼亚派的思想之复活。

我们今日越发听得疲倦了,可到这学院中的并树底下稍事逍遥,然后归去,将亚氏的学说做一个纲要表记下,便去安息吧!

<table>
<tr><th colspan="5">亚里士多德的组织哲学</th></tr>
<tr><th colspan="2">宇宙论</th><th colspan="2">人事论</th><td rowspan="3">发展说
(目的论)</td></tr>
<tr><th>宇宙的存在</th><th>万物的由来</th><th>知　识</th><th>道　德</th></tr>
<tr><td>实体{素、相}</td><td>由潜势移行到现势,即由素现相(有目的的发展)</td><td>由理性的作用精察事物的通性,从而了解事物的个性</td><td>理性的活动便是德</td></tr>
</table>

游终日
组织哲学思想的总研究

朋友们！我们仅以三天的功夫听完了第三期的哲学之故乡的思想游戏，即七十七个年间的希腊哲学思想——时间虽然花费不多，却得了精神上的古董不少。我们将它统合起来，做一个总研究，以便报告久别的朋友们，岂不好吗？好的，我们分为五段来论述：先以这时期的思想的总论为第一段；其次论述这时期的新建设的三大体系，以原子论的体系为第二段；观念论的体系为第三段；发展论的体系为第四段；结局论三体系中的难点为第五段。

第一段　第三期希腊哲学思想的总论

这第三期希腊哲学之大成，实为前两期宇宙及人事的思想之融合。所以能够融合的原因，非论理的必然，也非时代的要求，只是三大人物的努力。他们的努力同着他们的先辈不同的地方，第一在学说之应为统一的组织，被他们有意识地认识，所以称这一时期叫作组织哲学时期。

现在我们论述他们三人的思想发展的顺序：德谟克利特与柏拉图整

理从来诸学派,努力的结果将所得的种种材料建设了互为反对的新组织;亚里士多德融合他两人的反对说,建设了总合的新系统。从来的诸学派当中,以留基伯的思想影响于德谟克利特为最大,所以生出德谟克利特的原子论(唯物论);以苏格拉底的思想影响于柏拉图为最深,所以启出柏拉图的观念论(唯心论);亚里士多德努力总合希腊的全思想,故连锁他两人的反对说而成发展论(心物同体论)。

他们三人的思想的发展,因为对于从来诸学派间,各人所感受的影响有深浅偏全的不同,故生出三种的体系。这三种体系开展的动机有一个共同之点,即对于哲人的代表普罗泰戈拉的知觉说下反对的批评,结局各自成就了积极的系统的新建设。普罗泰戈拉唱绝对的唯觉主义,以知觉为知识的唯一之泉源;至高尔吉亚更一转而变为虚无论,以为凡物皆不存在,即存在吾人也不可得知,即知之也不能传与他人,这叫作破坏的知识论。德谟克利特反对这一类的论调,确认依理性的作用可以得到真实的知识;柏拉图根据苏格拉底的学说,主张理想的知识可以达到真实的本体界;亚里士多德更以纯粹的理性作用为知识的最高点;所以他们的思想的特色,第二在与唯觉论相对立而为唯理论(第一特色在组织,已见前)。

他们的唯理论与宇宙哲学时期的唯理论不同:在宇宙论时期的唯理论,如巴门尼德区别知觉与理性,认理性为真实,认知觉为迷妄之说,可以代表。他们对于知觉,并不像巴氏这样地蔑视,不过认识知觉只有相当的价值,即是以知识为一时的相对的实在罢了。德谟克利特与柏拉图的现象界,皆是知觉的对象,承认有相对的、暂时的实在之价值。亚里士多德更以感官的生气为理性的生气之基础。由此可见他们三位的知识论的特色,既与哲人们的唯觉论至于反对的地方,又与宇宙论者的唯理论有差别。巴氏以为理性之外并无实在,只有迷妄;他们则认知觉内也有相对的实在,所以他们的知识论可以叫作新唯理论。新唯理论当中的实在概念分别为二:一是相对的、暂有的实在;二是绝对的、常住的实在。前者存在于知觉,后者存在于理性。

再则德谟克利特的唯理论与柏拉图及亚里士多德的唯理论也有区别。因为德谟克利特的思想导源于留基伯,从纯理论的立场,以树立自然哲学为主旨,故他的唯理论为纯理的唯理论;柏氏师承于苏格拉底,亚氏又师承于柏氏,含有伦理的目的,故他们二位的唯理论为伦理的唯理论。所以前者成就自然的机械论的学系,后者成就伦理的目的论的学系;而亚氏尤融合两个学系,自成一新组织,可谓收物理的原理、伦理的原理及论理的原理总合的大成。至于我们可以说德谟克利特是希腊哲学之干,柏拉图是希腊哲学之花,亚理士多德是希腊哲学之果。我们再进论他们的三体系。

第二段　原子论的体系

我们在总论中已经说过德谟克利特对于知识的根本思想,一方对于普罗泰戈拉的唯觉说相对立,一方对于柏氏与亚氏的目的说有区分,称他作纯理的唯理论;而他所谓理性的知识,又以理性的原子为活动原因,因此可见他的哲学体系纯为自然的、机械的唯物观。他以为宇宙的实在是存于无数不变的原子,万物的化成是由于原子的聚散,道德的发生是源于理性原子的运动。原子直为一切的活动原因,这就是原子论的体系。

第三段　观念论的体系

柏拉图对于知识的根本见解,在以观念为真知识的对象。他所谓的观念的知识,又为吾人的心性本来所具有的,即理性的直观,并且以观念为现象界的目的原因,以最高的观念为善的观念,所以称他的知识论叫作伦理的唯理论。他的哲学的全体系也就是如此。他以为宇宙的绝对存在,只有观念世界;万物的由来,由于观念往来于个物;道德的实现,也即是最高观念的实现。这就是观念论的体系。

第四段　发展论的体系

亚里士多德的发展论的体系要是与原子论的体系相比较,可说是亚氏将德氏的机械观改造为他自己的目的论。何以故?因为德氏的哲学全思想不外是原子为机械的活动,而亚氏的则不外是实体为有目的的发展。要是与观念论的体系相比较,又可说亚氏将柏氏的二元论改造为他自己的一元论。何以故?因为柏氏的哲学全思想不外是以观念界为原型,现象界为摹本,各为相对立的存在;而亚氏的,则不外以相素为同一实体的两面观;两者互为内在的存在,所以亚氏与柏氏的根本思想虽同为目的的唯理论,而柏氏为外在的目的,亚氏为内在的目的。盖亚氏以宇宙一切的存在及事物的变动,都不外是有目的的自己发展:知识的正确,在认识此目的的发展性;道德的根据,在向着究极目的不断地发展。这就是发展论的体系。

第五段　各体系中的难点

原子论的体系中有一个最大的难点,我们在听原子论戏的末了曾经说过的:就是德谟克利特以世界一切的差别相的原因,除开原子的形状上的差异而外,都起于感官上的差别。但是我们照德氏的说法,感官的组成也不外是原子的聚合，何以在感官上除了感觉事物的形状上的差别外，还有其他的差别呢？这是一个难解的问题。

观念论的体系中也有一个难点：就是柏拉图对于观念与现象界的关系，所说的个物参与于观念，或观念往来于个物，结局不过认观念为现象界的目的原因，不认为活动原因，于是对于种种现象发生的所以然便无法可以说明了。怎样说呢？因为现象界的差别相之发生，有从观念的改造而生者，有从机械的变动而生者，仅有目的的原因而无活动原因，则自然的现象便无从说明。

发展论的体系中也有难点存在：亚里士多德一方面说相与素为同一物的实体，不过从潜势移行到现势的阶段，故有相与素之别，其实两者，并不相离；一方面又说，有纯粹相与纯粹素两者相对立。据前说，亚氏之体系为一元论，与柏氏之体系立于相对的地位；据后说又归于二元论，与柏氏的体系立于同样的地点了。这个矛盾，我们在听完亚氏的演唱时已经说过的，现在因为总论三个体系中的难点，所以再重说一下。我们这第三次的旅行，就此告结束了。

朋友们！我们虽然接续三次旅行这哲学之故乡，游兴尚未感觉缺乏，率性连第四次、第五次做一气旅行完了，岂不好吗？慢着！我们的假期快满了，而且这故乡到了第三期，已经开了哲学的花，结了哲学的果，此后便是秋风落叶时代，不免要感触冷落的风景哩！你们不听着逍遥学派正兴的时节，亚历山大王起兵征讨四方吗？当时希腊各市府的政治，对内日益腐败，对外失了独立，结果屈服于罗马帝国主权之下，希腊的文物被取入于罗马，哲学之故乡遂不得不搬家了！所以第四、五期的哲学之故乡与前三期的情景大不相同，有人称作希腊的罗马，我们叫作后哲学之故乡，此时暂且归去，到以后的假期中，再到后哲学之故乡，去做第四次、第五次的旅行吧。

第三次旅行终

新旧译名对照表

（以首字笔画为序）

原书译名	今译名
马格拉学派	麦加拉学派
巴门尼	巴门尼德
可乐方	科洛封
石托拉顿	斯特拉顿
石甫许颇氏	斯彪西波
石特尔捧	斯底尔波
叶考马可	尼各马可
白理克勒斯	伯里克利
加尔底亚	迦勒底
加尔勒亚笛	卡涅阿德斯
发顿	斐多
台阿琴尼	狄欧根尼
亚布得拉	阿布德拉
亚卡底米学派	学园派

亚尔克几洛	阿尔克西劳
亚尔果利斯区	阿尔戈利斯区
亚里斯托苦舍诺	阿里斯托克塞诺斯
亚利安民族	雅利安民族
亚坡罗	阿波罗
亚拉比亚	阿拉伯
亚非利加	阿非利加,即非洲
亚明达第二	阿明塔斯二世
亚理士多芬	阿里斯托芬
亚理士多克勒	亚里斯多克勒
亚理士狄伯	亚里斯提布
亚理士顿	阿里斯通
西西利	西西里
西泊达士	希波丹姆斯
西洛沙尔顿	希洛格斯
西奥多拉	泰奥多鲁斯
毕太哥拉	毕达哥拉斯
毕太哥拉学派	毕达哥拉斯学派
舌诺苦拉特	色诺克拉底
舌诺法	色诺芬尼
伊太利	意大利
伊利斯	埃利斯
伊理亚派	埃利亚学派
米勒脱司	米利都

米提林	米提利尼
安尼格勒	安尼克里
安纳门	阿那克西曼德
安纳米	阿那克西美尼
安纳沙	阿那克萨哥拉
安悌石生	安提斯泰尼
安梯阿可氏	安提奥库斯
克利特岛	克里特岛
克利梯亚	克里提亚
克拉卓门尼	克拉佐美尼
克拉兹	克拉底斯
克络突纳	克罗顿
克雷斯提尼	克里斯提尼
苏伦	梭伦
苏封克里氏	索福克勒斯
苏格拉第	苏格拉底
李谷弗龙	吕科弗隆
来西昂	吕克昂
低阿格	第欧根尼
希罗多泰	希罗多德
希柏卡	希巴尔琪娅
狄阿尼修	狄奥尼西奥斯
狄阿独洛	独俄多鲁斯,又译第奥多鲁
狄昂	狄翁

沙拉米斯	萨拉米斯
沙福克利	索福克勒斯
沙摩岛	萨摩斯岛
张体白	赞西佩
陆西伯	留基伯
阿尔西达姆	阿尔基达马
阿尔斐司	俄耳甫斯
阿林比亚	奥林匹亚
阿奇利斯	阿基里斯
阿勃特拉	阿布德拉
阿勒图	艾睿特
阿替加	阿提卡
欧克立得	欧克里德
欧利皮地	欧里庇得斯
欧林普山	奥林匹斯山
欧雪得马	欧提德穆
欧得牧斯	欧德谟斯
抵洛斯	德洛斯
拉飞尔	拉斐尔
拉叩尼亚区	拉科尼亚区
图老得	特洛阿城
迭阿尼梭司	狄俄尼索司
依阿宁	伊奥尼亚
依阿宁种	伊奥尼亚人

依替拿	埃特纳
卑罗波利乡之战	伯罗奔尼撒之战
法勒亚士	法里亚斯
泡利革纳泰	波里克勒特
泽耳士	泽克西斯
宗教阿弗克	俄尔甫斯教
柏落冯尼索斯	伯罗奔尼撒
柳许司	吕西斯
勃拉地亚	普拉提亚
泰勒斯	泰勒斯
埃弗索司	爱菲斯
哥林多	科林斯
恩拍多	恩培多克勒
特白司	底比斯
爱息奴	埃斯库罗斯
高吉士	高尔吉亚
朗卜沙果司	朗普萨柯
培来克里	伯里克利
勒姆纽斯岛	利姆诺斯岛
梅利妥士	迈雷托士
雪尼克学派	犬儒学派
雪林纳学派	昔兰尼学派
雪泣	席勒
崔诺	芝诺

假金提	吉尔真蒂
斯达奇拉	斯塔基拉
斯多噶学派	斯多葛学派
提阿夫拉斯托氏	德奥佛拉斯多斯
提勃斯	底比斯
斐龙	斐洛
斐狄亚司	菲狄亚斯
斐洛拉阿斯	菲洛劳斯
喀萨拉岛	科尔库拉,今科孚岛
黑米亚	赫米阿斯
黑拉克力士	赫拉克勒斯
黑拉克	赫拉克利特
黑格希亚	赫格西亚
普洛狄谷	普罗迪科
蒲洛泰哥拉	普罗泰戈拉
漠罕默德	穆罕默德
塞尔鸠斯	锡拉库萨,又译叙拉古
塞来斯	色雷斯
福卡	费卡亚
墨利索	麦里梭
德摩克	德谟克利特

出版说明

本书是《哲学之故乡》首个中文简体字版。

《哲学之故乡》1925 年由中华书局初版，以后又多次再版。它以游记的形式带领读者开始希腊哲学之旅，使读者置身于古希腊哲学的舞台，欣赏古希腊哲学家们所演出的哲学戏，不知不觉中领悟哲学的智慧与奥妙，是一本引人入胜的哲学读物。

本简体字版以 1929 年第五版为底本。编校工作中，除了将原来的繁体字直排改为简体字横排，纠正原书中个别明显错讹，对与现行标点符号规范用法不同的少量标点符号做了改动以外，我们还考虑到今天读者的阅读习惯，将原书外国人名的译名与今不同者用当今规范译名替代，并在书末增列《新旧译名对照表》以便读者查阅、参考。

作者陈筑山（1884—1958），民国第一届国会议员，后前往日本早稻田大学、美国密歇根大学学习。1923 年回国后，曾在吴淞中国公学任教。1924 年赴北京，任私立民国大学政治学教授、国立北平法政专科学校校长。20 世纪 30 年代在晏阳初任干事长的北京中华平民教育促进会担任公民教育部主任，兼任平民文学部主任。抗日战争爆发后来到成都，1938 年任四川省政府秘书长，后又调任四川省政府建设厅厅长。中华人民共和国成立后,当选为四川省第一届政协委员。

陈筑山一生著述颇丰,除了《最新体系政治学纲要》《哲学之故乡》《人生艺术》等学术或学术普及专著,还著有《国族精神》《公民道德根本义》《人格修养讲演大纲》《农民的地位》《仁慈的夜莺》等多种公民教育读本以及平民教育小故事。